中国人だからよくわかる

常識ではあり得ない中国の裏側

在米民主化運動リーダー
陳破空
Chen Pokong

ビジネス社

はじめに

なぜ、誰もが中国認識を間違えるのか？

尖閣諸島を巡って、中国と日本は荒波のように激しくぶつかり合うこともあれば、さざ波が漂うようにしばらく落ち着いていることもある。中国政府の態度は硬化と軟化を繰り返し、一部の中国国民のみが政府に操られて反日デモに乱舞する。

中国人は本当に反日なのか？

だが、中国人が一番行きたい国は日本である。

中国人は日本製品を本当にボイコットしたいのか？

だが、中国人は日本製品を買うために日本に押し寄せ、相変わらず「爆買い」している。さらに今、日本への留学に憧れる中国の若者が急増中で、「爆買い」ブームに続き「爆留学」ブームが到来している。

中国は経済発展を遂げ、中国人は金持ちになり、日本のあちらこちらで中国人観光客の姿を見かけるようになった。だが、彼らの振る舞いは野蛮で、衛生観念に欠け、品がない。こうした国民性の低さは、大国のイメージとはかけ離れている。

一衣帯水の隣人である日本人が中国に対して持っている一般的な認識とは、こうした今の強硬姿勢の政府、そして粗野な中国人というものだろう。それゆえ日本人も大好きな「三国志」や「西遊記」といった古典で描かれる中国や中国人と、現代の中国と中国人は「なぜかくも違うのだろうか」と戸惑い、理解に苦しむのだ。

これを道理で説明することは難しい。なぜなら、こうした数々の矛盾した現象が起きているのは、中国の政治、社会、そして国民性が複雑に絡み合っていることが、その背景にあるからだ。だからこそ、中国と中国人を理解するには、今、中国人が置かれている状況を洞察する必要があり、さらには中国で受け継がれてきた歴史と断絶された文化という点をも見なければならない。どうして今日のような中国に変わってしまったのか、どうして今日のような中国人に変わってしまったのか、を知るために……。

本書では中国の常識と真実に関するトピックスを60項目取り上げ、読みやすいようそれぞれ短い文章にまとめた。遠い昔から現在までの文化、社会、政治を網羅し、国民性と統治者の考え方を分析している。

一例を挙げよう。なぜ、中国政府が一党独裁を維持し続けることが可能なのか？

それは数千年にわたって中国の統治者が用いてきた〝偽り〟と〝騙し〟のテクニック（これを中国では「厚黒術《こうこくじゅつ》」と呼ぶ）を集大成させて統治しているからである。今の中国人がカネしか崇拝しないのは、それはカネ以外何一つ信頼できるものがないからだ。

筆者は外国を訪れるたびに、外国人がいかに中国を知らないかを痛感する。「中国通」を自称する中国研究の専門家でさえも、そのほとんどが中国のことを正確には知らない。彼らは、ただ表面の皮膚と毛をなぞっただけで中国を理解した気でいるが、その奥深くにある内臓にまでは触れていない。その誤った中国認識とは、たとえば次のようなものだ。

「孔子は中国人である」（孔子のいた時代にはまだ「中国」という概念がなく、正確に言えば孔子は魯《ろ》国人である）

「清朝は中国最後の王朝である」（当時中国はすでに〝滅亡〟しており、満人の清が中国を267年間統治した。そのもっと昔には、モンゴル人の元が中国を89年間統治したこともある）

「共産党が13億の民を養っている」（実際には13億の民が共産党を養っている）

「中国は人口が多すぎるから民主政治はそぐわない。一度民主化すれば大混乱に陥る」（実

際には専制統治こそが歴代の中国王朝が崩壊する火種となってきた。民主化こそが平和な統治を実現する礎となる)

筆者は中国で生まれ育ち、後にアメリカに移り住んだ。こうした立場から、時には当事者、そして時には傍観者の視点から常に中国を分析している。まっとうな中国人として、真実の中国を客観的に日本の皆さんに知ってもらいたいと思い、この本を著わした。

本書によって、中国がなぜこんな国になってしまったのか、その深い要因を素早く通読し、中国についての正確な知識を得ることができるだろう。

日本の友人に心からの祝福を捧げ、本書を楽しんでいただけるよう祈っている。

2016年12月3日

ニューヨークにて

陳　破空

第2章 中国人だからわかる中国社会の根深い病根

第3章 中国人だからわかる一党独裁の乱れた深層

第4章 中国人だからわかる間違いだらけの売国外交

第5章 中国人だからわかる〝帝国自壊〟のシグナル

第6章

中国人だからわかる呪縛と革命の2000年史

第7章 中国人だからわかる〝人治〟政治の副作用

第8章

中国人だからわかる中国の不透明な未来

第1章

中国人だからわかる中国人の哀しい本質

リアル・チャイナ1

よい死に方をするよりも醜く生きよ
――分裂、相矛盾する中国人の民族性

中国人は自分たちを「龍の末裔」と信じている。言うまでもなく龍は想像上の生き物であり、この世には存在しない。

現代の中国人はずる賢く利に聡く、利益のためにはどんな小さな穴にでも潜り込む、その生存力の強さには驚くべきものがある。つまり、**龍の末裔というよりはネズミの末裔といったほうが似つかわしい**のだ。

2000年以上もの間、独裁政治に翻弄され、幾度も国家の滅亡を経験し、さらには中国共産党の70年以上にも及ぶ強権政治下に置かれたため、中国人の人格は分裂、国民性には自然と裏表ができ、相矛盾してしまった。**数千年に及ぶ社会の変遷のうちに、中国人は少しずつ落ちぶれ、人の心もまた少しずつ劣化してしまった**のだ。

中国人は、自分たちを東洋人特有の内向的な性格だと自負している。だが、伝統文化を喪失した現代中国に住む人々は、一般的な東洋人とははるかに異なる外交的な性格へと変わっていった。大きな声で騒ぎ、やりたい放題。虚言や誇張を悪びれることなく口にする。

中国人と付き合ってみれば、「虚偽」「偽善」「エセ君子」とは何かがわかる。だが、実は中国人の心に裏表があることは、文豪魯迅[1]がすでに次のように見抜いていた。

「私は最高の悪意をもって中国人を推測することを恐れない」

この意味は、**中国人の心理や行動規範を理解するには、悪い側面から推し量るほうがいい**ということ。

「死んでも面子が大事」なくせに、「死んでも恥を知らない」のが中国人の性質の特徴だ。そして、相反するこの言葉が表裏一体であることこそが、二面的な中国人の民族性を表している。

一例を挙げよう。中国の法律は売春を禁止しているが、中国の至るところに売春婦がいる。中国では「性」に関して負のイメージがある。中国人に言わせると、セックスは人を惑わせるもの――腐敗、謀略、犯罪を引き起こすものなのだ。

その一方で中国人にとって、とくに**政治やビジネスの場では、セックスは欠かせない要素**である。君子面した政府高官も、ひとたび部屋に戻るや、まさに君子豹変、快楽をむさぼり尽くす。一夫多妻というかつての習慣は、「二奶《アルナァイ》（＝2番目の女＝愛人）」という形で復活した。このように、政府役人やビジネスマンの間では、性の乱れが普遍化しているのだ。

中国人は、「大一統[2]」の思想にとりつかれている反面、内ゲバに明け暮れ、砂のように

1. 魯迅　1881〜1936。浙江省出身。中国近代文学の祖。医学を学ぶため留学した日本で文学に目覚め、作家に転向。デビュー作「狂人日記」や「阿Q正伝」など多数の作品を残す。

2. 大一統　秦の始皇帝の天下統一から始まった中華帝国の統治原理。辺境も例外なく統合した状態のこと。これを実現して初めて「中華帝国」成立となる。

バラバラでまとまりがない。これもまた中国人自身が気づかない自己矛盾である。**根のように張りめぐらされた縁故関係、法よりも効力のある裏ルール、これらが曲がりくねって複雑な迷宮のような中国社会を形成**している。

耐えるべきことに耐えず、耐えるべきでないことに耐える。**計算高い中国人は当事者ではなく傍観者となるのを好む**。保身第一で私利私欲が強く、良心を失った中国人に残っているものは冷酷さだけだ。ある時は「暴民」、またある時は「順民」となるように、暴虐性と奴隷根性がごちゃまぜに絡み合っている。

人間は死ねば灰となる。死ねば一巻の終わりだ。だが、**中国人の生死観は「よい死に方をするよりも醜く生きよ」**というもの。実は、**ほとんどの中国人が（表向きは）神を信じないのに幽霊は信じている。だから死を恐れ、貪欲に生を求める**のだ。

中国人の国民性を総括しよう。

勤勉で苦しみに耐えるが、すべてはカネのため、自分の利益のためだけ。強靭な生存力を持つが、ずる賢い手段を使い、狙うは自分は汗をかかずにひたすらいいとこ取り。縁故関係を重視するが、保身のためで他人には冷血非情。生きるのに貪欲で死を恐れるが、強い者にへつらい弱い者にはことさら強く出る。

まさに人格分裂としか言いようがないのである。

リアル・チャイナ2

気持ちは反米、骨の髄は親米

――望むのは「中国夢」ではなく「アメリカンドリーム」

中国政府は国内で反米宣伝工作を繰り広げてきた。このため中国国民は、かなりの反米感情を持っている。

だが、**反米を声高に叫ぶ中国政府の高官や党員ほど、家族や財産をアメリカへ移している**。ほとんどの高官の子女は、アメリカに留学しているか居住している。このため、**毎年3月に北京で開かれる全国人民代表大会と中国人民政治協商会議は「欧米留学生保護者会」と国民から皮肉られている**。官僚や党員は、普段はアメリカや西側諸国を口汚く非難しているが、彼らが自分たち一家の余生を送りたいと考えている最終目的地もまた、アメリカや西側諸国なのである。

中国で著名な人物は、何か問題が起きるとアメリカへ逃げることを選ぶ。たとえば、民主化運動を推進した著名な知識人、方励之[3]教授夫妻や盲目の人権派弁護士の陳光誠[4]らは、国内で身の危険が迫った際、亡命を希望し北京のアメリカ大使館へと駆け込んだ。

中国政府の役人も同じである。元重慶市副市長の王立軍[5]や元中国共産党中央弁公庁主任

3　**方励之**　1936〜2012。天体物理学者、民主化運動家。当局に天安門事件の首謀者とされると家族でアメリカ大使館に保護を求め、90年イギリスへ出国。12年アメリカで死去。

4　**陳光誠**　1971年〜。山東省出身で現在、アメリカ在住。盲目の人権活動家、法律家。2007年マグサイサイ賞受賞。当局に軟禁された後、12年に渡米。

の令計画の双子の弟、令完成[6]、それから中国政府高官と密接な関係にある富豪、郭文貴[7]らも、身の危険が迫ると、アメリカへ亡命することを選んだ。

中国国内の左派（保守派）、とくに毛沢東左派（超保守派）は「愛国者」を自任し、過激な民族主義を鼓吹し反米を掲げている。それなのに、彼らもまたアメリカを目指す。

たとえば、毛沢東左派の理論家とされる司馬南[8]は、強固な反米主義者として有名だ。ところが、ある時、彼がアメリカに住む家族を訪ねて渡米した際、エレベーターに頭を挟まれるという事故に遭ってしまう。すると、中国のネットユーザーから「頭挟み男」とのあだ名をつけられてしまったのだ。

さらに、司馬南が10年有効のビザを持ってアメリカに長期滞在したところ、ネットユーザーの非難の嵐に遭う。しかし司馬南は厚かましくもこう言い放った。

「反米は仕事のためで、渡米は生活のためだ」

もう1人、中国国内で著名なのが国営放送「CCTV」のキャスター、芮成鋼《リュイチェンガン》[9]である。アメリカのコーヒーショップチェーン、スターバックスが北京の故宮に出店した際、激しい不買運動を繰り広げた人物だ。

だが、芮成鋼が設立した広告代理店の名前は、帕格索斯（ペガサス）という英語名であった。芮成鋼がスターバックスを故宮から追い出した2007年、帕格索斯社はアメリカ

5　**王立軍**　1959〜。内モンゴル自治区出身。2012年、薄熙来事件でアメリカ大使館に駆け込むも、身柄が当局に引き渡される。その後、起訴され懲役15年の実刑判決を受ける。

6　**令完成**　1960〜。胡錦濤の腹心で、2015年自身や妻の不正蓄財などで党籍剝奪された令計画の弟。機密情報をアメリカに持ち出したとされる。

の広告代理店エデルマンを高額で買収し、個人的にも7・9%の株を保有した。また、外国人の友人が多いことを常日頃自慢しており、そのほとんどがアメリカ人である。

芮成鋼は後に当局によって逮捕され投獄された。アメリカのスパイであったとの噂だ。「反米にして愛国」だった芮成鋼は、今や国家反逆罪で死刑にされる可能性がある。

口では反米を唱えながら裏では親米、心情的には反米だが骨の髄は親米。中国では上から下まで至るところ、矛盾をきたしている。政府役人や共産党員はもとより、司馬南、芮成鋼のような毛沢東左派の連中、さらには中国国民も同様だ。

中国共産党の一方的な反米宣伝工作によって、無数の中国人が惑わされてきた。そのため表面的には、中国人の反米感情は強いように見える。だが、**中国人が留学先や移住先に真っ先に選ぶ国の1つがアメリカ**である。中国の民衆は、結局、アメリカが世界で最もよい国の1つだと思っているのだ。

それに引き換え、中国政府が常日頃持ち上げる友好国の北朝鮮やロシア、キューバなどは中国人にとって嘲笑の的でしかなく、旅行へ出かける中国人はほんの少数であり、ましてや留学や移住する人などほぼ皆無である。**共産党はしきりに「中国夢」を宣伝するが、中国人が抱いているのは「移民夢」である。そして望んでやまない夢は「美国夢（=アメリカンドリーム）」**なのだ。

7　**郭文貴**　1967〜。山東省出身。中国人商人だが香港の身分証を所持。機密をアメリカに持ち出した疑いがある。

8　**司馬南**　1956〜。山東省出身。ハルビン商業大学卒、学者、作家。法輪功バッシングで一躍、名を馳せる。

実際、近代以来、アメリカは常に中国にとって最大の友好国であり、最大の支援者であった。アメリカが各国に働きかけて膨大な「庚子《こうし》賠償金」(1900年に起きた義和団事件の賠償金)を中国へ返すのに尽力してくれたから、清華大学の設立や中国人留学生への援助、その他の教育事業が実施されたのだ。

また、アメリカが抗日戦争を戦う中国を支援し、アメリカが日本に勝ち、瀕死の淵にあった中国を救ってくれた。さらに、共産中国が改革開放路線を歩むのを励まし、中国への投資や中国製品への市場開放などの経済援助を行い、中国がWTO(世界貿易機関)などの国際組織に加入するのを手助けしてくれたのもアメリカである。

だが、中国政府は恩を仇で返し続けてきた。まず北朝鮮の金日成《キムイルソン》と手を結んで朝鮮戦争を引き起こし、アメリカ軍と3年にわたり戦った。後に、改革開放によってアメリカから多大な援助をもらいながらも、イデオロギーは対立したままだったので、国内では相変わらず反米宣伝工作を実施した。

そして経済大国となった今や、恩を仇で返す動きは頂点に達した。

中国政府は世界を舞台にアメリカに挑戦し、アメリカに取って代わって世界を取り仕切ろうと企んでいるのである。

9　**芮成鋼**　1977〜。安徽省出身。CCTV随一の愛国アナウンサーだったが、2014年、生放送直前に突如、当局に連行される。

リアル・チャイナ3

官製反日と「肺を交換するための日本旅行」

――憧れの国に対する異常な愛情

一部の中国人は反日的な言論に熱中し、そうした発言がネットなどで散見される。また、暴力的な反日デモが何度も発生している。これらを見ると、中国人の反日感情は非常に強いものに思われる。

しかし、ご存じのように**反日デモの多くは中国政府が裏で操るヤラセの官製デモ**だ。たとえば2012年、日本による尖閣諸島国有化を受けて、中国の100以上の都市で巻き起こった反日デモは、発生して間もなく暴力行為へとエスカレート。暴徒は日本車や日本の商店や飲食店を壊したり、放火したりした。

デモ発生後の最初の2日間、制服を着た各地の警察はみな、乱暴狼藉を働く暴徒の横でただ傍観しているだけだった。各地のデモで毛沢東の肖像画が掲げられたが、それはみな一律同じサイズの同じ絵柄。そして各地で先頭に立って暴動を煽っているのは、みな「角刈りの男たち」で、一律白いTシャツを着て、手には同じ棍棒やメガホンを持っている。

そこで、各地のネットユーザーが「人肉捜索（＝人物特定）」を開始したところ、**暴徒の**

リーダーたちは何と現地の公安警察官であることが実名とともに明らかになったのだ。たとえば、暴徒を率いて暴れまくっていた西安市の胡家廟派出所所長、朱鋼。そして彼の後ろについて笑いながら暴力行為を行っていた派出所の隊員たち。私服でメガホンを手に群衆のリーダーよろしく暴徒の一団を率いていた鄭州公安局副局長、楊玉章。滄州市で「QQ」というSNSを使って2000人のデモ参加者を募ったのは交通警察支隊長。蘇州で暴れまくる「デモ隊」の正体も、やはりみな現地の「城管」（武装した官製の自警団）たちであった。彼らは私服に着替えて暴れまくっていたのである。

事の真相は、当時政法委員会書記だった周永康[10]が公安組織に密命を出し、反日デモを背後で操っていたということ。党内における権力闘争で優勢に立つため、対外的な衝突を機に問題を引き起こして政敵（胡錦濤と習近平）を困難に陥らせようとの魂胆であった。

このように、**中国人のいわゆる反日感情とは、結局、共産党が政治的な必要から人為的に造成しているもの**なのである。民族主義者は、とうの昔に共産党によってロボットのように調教されてしまった。中国政府が頻繁に戦闘機や戦艦（海洋監視機や監視船と中国側は主張）を尖閣諸島付近に派遣し、日中間の緊張状態が高まると、民族主義者たちは異常なまでに興奮して、「日本を撃て」だの「殺ってしまえ」だのと大騒ぎする。

だが、政府が尖閣諸島近辺で何もしないと、こうした民族主義者たちも途端に大人しく

10　周永康　1942〜。64年に中国共産党入党。政治局常務委員、政法委員会書記など重職を歴任するも、2015年、汚職で無期懲役となり失脚。

なり、日中両国の間にはあたかもまったく問題がないかのように静まり返る。民間による「保釣活動（＝釣魚島保守＝尖閣返還運動）」に至っては、極少数の者しか参加しておらず、しかも普段から当局の厳格な監視下に置かれているのが現実だ。

やがて反日の嵐が過ぎ去ると、日本を訪問する中国人観光客がすぐさま激増。彼らはデパートや免税店に向かい、ありとあらゆる日本製品をわれ先にと購入した。**カメラや炊飯器、化粧品のほか、便座や風邪薬、そして避妊具まで放ってはおかない。**ここから「爆買い」という流行語まで生まれたのは記憶に新しい。

これに対し中国のネットでは、この爆買い現象が面白くない保守派が、日本に買い物や観光へ行く中国人のことを「漢奸[11]」「売国奴」とののしっている。

だが、そんなことぐらいでは、大多数の中国人が日本に対して抱く好感を、くつがえすことなどできない。中国人観光客は「日本人はみな礼儀正しい。どの国から来た人にも同じように接してくれる」と言う。また、**中国の環境汚染は深刻であるため、「肺を交換するための旅行」と称して空気の新鮮な日本の美しい自然を堪能しに日本を訪れる中国人もいる。**

実際、中国人は日本や日本人について、ほとんどの人が羨ましいと思っており、尊敬と称賛が入り混じった口ぶりで語る。日本も漢字を使用しており、街中の標識やレストラン、

11　**漢奸**　漢民族の裏切者のことを表す。転じて、進んで異民族や外国の手先となる中国人全般を指す。

ホテルでも漢字が多く使用されているので、中国人にとって便利である。

このため日本に移民する中国人が増加しており、実際日本における移民のうち、最多の出身国は中国だ。日本に留学する中国人留学生も多く、外国人留学生の60％を占めている。観光、買い物、留学、移民……。ますます多くの中国人が日本を選択しており、日本は憧れの理想の国となっている。

果たして中国人の真の対日感情とは憎しみ、あるいは愛おしさのどちらであろうか？言うまでもなく、非常に多くの中国人が日本のことを好きだというのが正解だ。

中国人の日本人に対する憎しみの感情は、あくまで中国政府が政治的な必要から作り出したものにすぎない。反日感情の煽動工作が最高潮だったころ、中国では毎年100作もの抗日映画・ドラマが生産された。浙江省の「横店《ヘンティン》」という場所は、政府が建設した「中国版ハリウッド」ともいうべき撮影所で、そこではたくさんの抗日映画が製作されている。

そんな彼の地を中国のネットユーザーは次のように揶揄している。

「当時、中国を侵略した日本軍は最も多い時で200万人に達したが、横店で『撃破された日本軍』の総数は1億人を超えている」

リアル・チャイナ4

血を分けた兄弟国に脅える毎日

——北朝鮮の核と「金家3代目のデブ」にいらだつ国民

中国政府はかつて北朝鮮との関係について、「唇歯輔車《しんしほしゃ》の関係」[12]「両国人民は血を捧げた戦友として、破られることのない深い友情を結んだ」などと述べていた。

だが、中国の国民は政府とは異なる感情を北朝鮮に対して抱いてきた。中国人は北朝鮮が核兵器を保有していることについて、大きな不安と怒りを感じている。なぜなら北朝鮮の核基地、核兵器備蓄庫、核廃棄物処理場、核実験場などは、すべて中国との国境地帯に設置されているからだ。**中朝国境は今や世界で最も危険なホットスポットと化している**のである。

多くの中国人が、北朝鮮は中国から大量の援助を受けているにもかかわらず、核兵器の脅威を中国に向けている、つまり、中国人民の血税によって凶暴な猛獣を養っているのと同じだと考えている。そのため、アメリカが金正恩の暗殺を実行する姿勢を見せた際、中国のネットでは〝敵国〟アメリカ支持が70%にまで達した。

これまでに北朝鮮が核実験を行った場所は、中国の国境から一番近い所でわずか50～1

12 **唇歯輔車** もちつもたれつの関係という意味。唇歯は唇と歯、輔車は頬骨と下顎の骨を指す。

00キロの距離であった。要するに、**北朝鮮の核の直接的な脅威を受けている国はどこかと言えば、それは中国**なのである。だからこそ、本来、北朝鮮に対して最も強く反発すべきなのは中国なのだ。

だが、中国政府は平静な口ぶりで、「朝鮮の核実験によるわが国への影響はない」と表明するだけ。実際には、北朝鮮が核実験をすると人工地震が発生する。このため、実験のたびに中国側住民は避難し、学校は休校となり、地面に亀裂が走ることもある。さらには核汚染の潜在的な危険もある。それでも、権力の維持だけが大事な中国共産党の統治者たちにとって、中国人民の安全など眼中にないのである。

北朝鮮による核の脅威が日増しに高まっているのに伴い、北朝鮮に対する態度と立場は中国政府と民間では、ますます異なってきている。胡錦濤はかつて、「キューバと北朝鮮に学べ」と号令をかけ、「キューバと北朝鮮は経済的には困窮しているが、政治的には一貫してブレず正しい道を進んでいる」と述べた。

だが、中国国民は、北朝鮮が今なお個人崇拝を大々的に行い、かつての自国の文化大革命（文革）のような時代のままであることを知っている。

「金三胖《ジンサンパン》（金家3代目のデブ）」とは中国国民が北朝鮮の現統治者、金正恩《キムジョンウン》に与えたあだ名である。

「北朝鮮はガリガリの痩せっぽちばかりで、デブは1人だけ」

これは中国のネットユーザーが北朝鮮を揶揄した言葉である。

こと北朝鮮に関しては、このように多くの中国人ネットユーザーはバカにした皮肉を書き込むが、こうしながら実は中国政府をからかっているのである。たとえば、彼らは**中国を「西朝鮮」と呼んでいる。東側は北朝鮮で、こちら側は西朝鮮。つまり、中国も北朝鮮もその本質において差はないという揶揄**だ。

こうした世論に気づいた中国共産党の御用メディア「環球時報」は、北朝鮮を擁護する社説を次々に掲載した。

そのタイトルいわく、

「対朝鮮人権非難決議で中国が反対票を投じたのは妥当」

「外国勢力が中朝の友好関係を引き裂こうとしているから注意せよ」

「朝鮮をあざ笑うのは品位に欠けること」

「朝鮮をののしるふりをして、別の誰かをののしるとは不誠実だ」

などなど……。

実際のところ、核を持つ北朝鮮の金政権に対して、中国共産党は打つ手がまったくない。

これからも北朝鮮を庇護し続けるなら「虎を飼って禍《わざわい》を為《な》す」となる一方、経済援助を断ち切ったとしたら、北朝鮮は他国へすり寄り中国から遠ざかってしまうだろう。そうなると、敵国同士となり、対立する可能性すらある。

その一方で、もし韓国がアメリカと手を組んで金正恩政権を倒し、朝鮮半島を統一して民主化したら、地政学的に中国にとって不利な状況となるのも、無論また事実だ。この場合、中国が完全に孤立してしまうと中国政府は考えている。

中朝関係がこのまま悪化し続けていくと、将来いつか北朝鮮が中国に先制攻撃を仕掛け、核兵器を北京に撃ち込み、中国を消滅させる、ということも考えられる。

大げさな脅しに聞こえるかもしれないが、このような可能性を完全に排除できるなどと誰も確約はできない。**小国だったモンゴルや清も、かつて大国中国を滅ぼした歴史がある。将来、小国北朝鮮が大国中国を倒したとしても、決して不思議ではない**のだ。

環球時報は「ますます多くの中国人が朝鮮に対する見方を変えている」ことを認めざるを得なかった。同紙（＝中国政府）は、このタイトルをつけた記事のなかで、60％、あるいはそれ以上の中国人が、北朝鮮を「悪しき隣国」であると思っていることを認めている。要するに、中国にとって北朝鮮は外交問題であると同時に、内政問題の頭痛の種でもあるのだ。

リアル・チャイナ5

国の政策はコメント削除と軍事演習だけ
――マイノリティ共産党をあざ笑うネットの民たち

中国政府はネットをコントロールしようと、都合のよい言論を選び、都合の悪いコメントの削除に勤しんでいる。だが、厳しいネット検閲の網を潜り抜けて、政府に対する無数の風刺コメントが流れ続けている。たとえば、2010年にアメリカの空母が米韓合同演習のため、中国の玄関口である黄海に投入された際、中国政府は強く反発したが、多くの中国人ネットユーザーは「アメリカの空母が中南海（北京の一角で中国政治の中心地）に入港するのを歓迎する！」と書き込んだ。

2013年12月26日、安倍晋三首相が靖国神社を参拝すると、中国政府は猛烈に非難した。この日はちょうど毛沢東生誕120周年でもあった。北京では習近平が、自身を含む7人の政治局常務委員ら政府幹部を引き連れて「毛主席紀念堂」を訪れ、恭《うやうや》しくそこに眠る毛沢東を参拝した。この件について中国のネットユーザーは「7人の小人たちはやっと白雪姫を探し当てた」とおちょくっている。

また、安倍首相をののしるふりをして、習近平をバカにしたネットユーザーもいる。

「なんだ、今日は鬼に参拝する日なのか」
「政治家の鬼参拝に強く抗議する！」
「日本人（安倍首相を指す）が参拝したのは他人を殺した悪党、われら（習近平を指す）が参拝したのは同胞を殺した悪党」

また、2016年6月、王毅[13]外相がカナダを訪問した際、カナダ外相とともに記者会見を開いた時のこと。あるカナダ人記者がカナダ外相に中国の人権状況について質問すると、王毅は怒りで顔を真っ赤にし、この記者に問い返した。

「君は6億人の中国人が貧困を脱したのを知らないのか？　君は中国が世界第2の経済大国であるのを知らないのか？　君は中国の憲法が人権を保障し推進すると明記しているのを知らないのか？」

さらに、「君に教えよう。中国の人権状況を最もよくわかっているのは君ではなく中国人自身だ。君には発言権がなく、中国人に発言権があるのだ」と続けたのだ。すると、中国のネットには、こんなブラックジョークが登場した。

隣人：あなたが家で奥さんや子供を叩いていると聞いたのだが？
王さん：彼らはね、昔は食べる物さえなかったんだよ

13　王毅　1953〜。北京出身。外交官、外交部長（外相）。駐日中国大使などを歴任し、立命館大学から名誉博士号を授与された。

隣人：私が聞いているのは、あなたが奥さんや子供を叩いているかということだよ

王さん：わが家は今や村で2番目の金持ちだ

隣人：私が聞いているのはそういうことじゃない。あなたが奥さんや子供を叩いているのかどうかと聞いているんだ

王さん：わが家では妻と子を叩かないと家の規則に書き入れてある

隣人：それなら、奥さんや子供を叩いているのかどうか、一体どうなのかね？

王さん：私の妻と子を一番よくわかっているのは、お前ではなくわが家の人間だ。お前には発言する権利はない。わが家の者だけが発言する権利がある

隣人：それなら、直接あなたの奥さんとお子さんに聞いてみてもいいんだね？

王さん：各家庭には各家庭の決まりがある。我が家の決まりでは、お前が私の妻と子に聞きたいなら、まず私の同意を得なければならないのだ！

こうした「段子《ドゥンズー》（＝ジョーク）」は枚挙にいとまがない。中国政府は大量のネット警察を雇い、永遠に削除しきれないほど溢れかえっている段子をせっせと削除しようとしている。それに関して、中国のネットユーザーは次のようにからかった。

「中国共産党の政策はもはや2つしか残っていない。コメント削除と軍事演習だ」

こうしたネットでの政府批判、風刺に対して政府は恐怖を覚えている。中国のあらゆる分野において頂点として君臨してきた**約9000万人の党員を要する共産党は、実は民意を映し出すネットの世界では、単なるマイノリティにすぎない**のだ。

2013年6月、党の御用雑誌「求是」は「ネットの『負のエネルギー』に警鐘を鳴らす」と題する記事を掲載した。「いくらののしっても、党と政府をののしり倒すことはできないし、また自分自身の幸せな生活も光り輝く前途も得ることはできない」とあるように、その内容は中国人ネットユーザーに対する脅迫と説得が入り混じったものだ。

さらに2013年8月、中国政府はネットに「7つの超えてはいけない線」なる、ネットにおける発言への注意を発表し、ネットユーザーに遵守するよう呼びかけた。これについて、「政府の役人の行動には超えてはいけない線など設けていないのに、一般国民には言論に超えてはいけない線を設けるというのか！」とする反論のコメントが上がった。

こうしたネットで流行っているブラックユーモアは、中国民衆の真の民意の表れだ。2012年7月、中国の言論サイト「共識網」は、湘潭大学助教授（当時）の李開盛[14]が行った「中国ネットユーザーの政治と社会に対する認知について」と題する意識調査の結果を掲載した。それによると、なんと過半数が中国の現行の政治制度に賛同しておらず、70％以上がアメリカの政治制度に最も賛同しているという結果が出たのだ。

14 李開盛　1976〜。湖南省出身。政治学者、コラムニスト。湘潭大学法学博士。現在は上海社会科学院国際関係研究所副研究員。ブログでさまざまな分析成果を発表している。

2013年4月、中国共産党の機関紙「人民日報」はネット上で、**習近平が提唱する「中国夢」に対する調査投票を行った。すると約80%のネットユーザーが否定的な回答をしたのだ。**調査の主催者はこの結果に大慌てし、投票開始からわずか1時間ちょっとで投票ボタンを削除した。そして2時間後には、投票サイトと投票結果をすべて封鎖。中国版ツイッター「ウェイボー」にアップされていた関連する内容もすべて削除した。だが、こんなことをしても、民衆の心の奥底にある真の民意を削除することはできない。

フォーブスの長者番付にも入っている中国の女性富豪、張欣[15]は国内最大の不動産デベロッパー「SOHO中国」の最高経営責任者であり、いわゆる特権階級である。その張欣が2013年にアメリカのCBSテレビの看板番組「60ミニッツ」に出演した際、キャスターから「中国人が必要としているものは何か？」と問われ、毅然としてこう答えた。

「中国人は不動産も高級品も求めていません。すべての中国人が欲しているのは民主です」

さらに収録後、張欣はこうも言ったという。

「60ミニッツはあまり中国へ取材に行きませんが、アメリカ人はもっとこのこと（中国人が民主を欲していること）を知るべきだと私は思っています。だから、私が述べたのです」

特権階級の彼女も、中国の暗い闇の底で息づく真の民意を理解していたのである。

15　**張欣**　1965〜。北京出身。工場勤務で資金を貯め、英ケンブリッジ大学で経済学修士号を取得。ウォール街を経て1995年、夫と不動産会社（後のSOHO中国）を設立。北京、上海で最大の不動産会社に育て上げ、2014年、米「フォーブス」誌で中国の女性実業家第9位に選ばれた。

第2章

中国人だからわかる中国社会の根深い病根

「今日の大金持ち」は「明日の犯罪者」

――権力の変遷に翻弄される富豪たちの悲哀

「少数の者から先に富めよ」
「白猫でも黒猫でもネズミを捕まえる猫がよい猫」

これは、言わずと知れた鄧小平の名言である。

だが、一体誰が先に富んだのか。誰が先にネズミを捕まえたのか。米誌「フォーブス」が毎年世界の長者番付を発表するたびに、「出る杭は打たれる」ことに気づかされる。というのも、**長者番付にリスト入りした中国人富豪は、ことごとく逮捕されているから**だ。「先に富む」とは要するに「先に捕まえられる」ことである。逮捕者リストは、長者番付で上位にランクされた富豪たちの名で埋められている。

ただし、芋づる式に牢獄にぶち込まれた富豪たちは、みな民間の平民出身者である。中国政府の統計によれば、中国の億万長者の90％以上を占める高官の子女の投獄件数はほぼゼロだ。このことから、**現在の中国では、富とは権力を持っていてこそ保障される**ものだということがわかる。

1　牟其中 1941～。四川省出身。南徳グループ総裁。90年代中期、中国一の富豪となる。2000年、信用詐欺罪で投獄。03年、改めて18年の有期刑を受けるも、16年9月に釈放。

今日の富豪は明日の逮捕者。中国の民間人富豪が辿った運命は、強権と人治の国において築き上げた富とは、儚《はかな》い夢にすぎないことの証しである。この国では栄華も富貴も、すぐに消えてしまう霞のようなものだ。

1989年、天安門事件が起きた際、ある大富豪が「学生はひどすぎる」「私が自分の商売のために政府の弾圧を支持していると誤解している」と学生たちを批判した。この大富豪こそ「中国一の億万長者」と言われた牟其中《ムーチィチョン》[1]である。

そして10年後の1999年、牟其中は「詐欺罪」で無期懲役を宣告され刑務所送りとなった。**中国一の富豪は、あっという間に中国一の詐欺師となった**のだ。あの時、彼がもろ手を上げて支持した政府は、10年後、彼を牢獄にぶち込んだのである。

人治がもたらす弊害は、まさにここにある。コロコロと変わる政策、**今日は合法でも明日には違法……**。自分は頭がよいと思っていた牟其中も、この最も簡単で明らかな道理に気づけなかった。政治的権利なくして経済的権利は持ち得ず、健全な民主主義と法治なくして、財を確保する保障はあり得ないということを。

過去数十年にわたる経済発展のなかで、多くの役人や悪徳商人が「先に富める少数の者」となった。さらに市場主義と共産主義の矛盾を解消しようと江沢民が打ち出した、党が「先進的な社会生産力の発展の要求」「先進文化の前進の方向」「中国の最も幅広い人民の根本

2　陳良宇　1946年〜。浙江省出身。元上海市長。江沢民の上海閥の一員で上海トップに登りつめるも、2006年汚職などの容疑で逮捕、懲役18年の実刑判決を受ける。
3　周正毅　1961〜。上海出身。前上海不動産ホールディングス株式会社取締役会会長。かつて米誌『フォーブス』が上海一の富豪と認定。2007年贈賄などの罪で懲役16年の実刑判決を受け服役中。

的利益」を常に代表するという「3つの代表」理論によって、政府と企業がグルになって金儲けをする傾向がますます強くなっていった。

とは言っても、一たび政策が変わって権力闘争が勃発すると、劣勢になった政府関係者とつるんでいた企業人が犠牲となる。たとえば、政治局委員の陳良宇[2]とつるんでいた上海一の富豪周正毅《ジュオジョンイ》[3]、同じく政治局委員の薄熙来[4]とつるんでいた大連市の富豪徐明《シュウミン》[5]、そしてこれも政治局員、周永康とつるんでいた四川省の富豪呉兵《ウービン》[6]などなど……。

かつて栄華を誇っていた大連の富豪徐明は、政治局委員だった薄熙来一家と密接な関係にあり、さらに首相の温家宝、国家副主席の曾慶紅[7]ら一族とも深い関係にあった。「銭袋《チィエンダァイ》」と薄熙来に呼ばれていた徐明は、薄熙来の失脚に続いて逮捕され、4年半の懲役刑を言い渡される。

しかも、もうすぐ出所という時、この元富豪はわずか44歳で獄中で急死。当局は死因を「心筋梗塞によるもの」と発表したが、事の真相は政府上層部の何者かが口封じのために殺したのである。

同じ頃、イギリス人ビジネスマンを殺害した薄熙来の妻谷開来[8]は、減刑により死刑を免れた。徐明の獄死からわずか1週間の出来事だ。誠に不可思議である。徐明は殺人を犯していないのに死ななければならず、谷開来は人を殺《あや》めたにもかかわらず、命をもって償わ

4　薄熙来　1949～。北京出身。重慶市党委書記などの重職を歴任。習近平のライバルとされていたが、最終的に職権乱用などの罪で無期懲役が確定。

5　徐明　1971～2015。大連出身。92年実徳グループ代表取締役社長に就任し「フォーブス」誌の長者番付入り。13年薄熙来事件で実刑判決を受け、刑期終了9カ月前の15年12月死去。死因は心筋梗塞と報じられる。

なくてもよいとは……。

前者は「臼をひき終えたロバ（＝用なしの者）」を情け容赦なく殺す血なまぐさい殺戮ホラー映画で、後者はすったもんだの挙句命拾いするコメディー映画。どちらも脚本のある映画には変わりないが、それぞれの役柄と運命、そして結末には大きな違いがある。1人は民間人の富豪、もう1人は「革命第2世代」。**2人の生死の分かれ目を決めたものは、出身身分とその背景にある権力の大きな差**である。

江沢民政権時代、中国一の富豪は香港人ビジネスマンの李嘉誠[9]だったが、習近平政権になると、ナンバーワンの座は王健林[10]に取って代わり、李嘉誠は中国市場から撤退した。その裏にはれっきとしたカラクリがある。李嘉誠は江沢民一族と密接な関係にあり、王健林は習近平一族と密接な関係にあるのだ。

古来、中国には「一朝天子一朝臣」（一代の天子に一代の臣下）という言葉がある。権力者が交替すれば臣下も総替わりするという意味だ。**今日の中国は、さながら「一朝天子一朝商」（一代の天子に一代の商人）**といえる。

国の最高指導者と国で一番の富豪の取り合わせ――このような権力とカネの正比例の関係は、「商人は権力に寄りかかり、権力は商人を引き立てる。だが、権力の支えを失った商人は没落するしかない」という中国の道理を如実に表しているのだ。

6　呉兵　1963～。四川省出身。呉永富など複数の別名を持つ。中国、香港で数社を経営する富豪で周永康一族の「金庫番」とも呼ばれた。2013年、当局に連行された。

リアル・チャイナ7

国を愛する人々が国を滅ぼす

――「不買」「デモ」「吊し上げ」の次に来る「革命」

中国では、どんなことでも「愛国主義」を持ち出せば政治的に正しいということになる。

それは、孫悟空の如意棒のように向かうところ敵なし、盾突こうものなら痛い目に遭う。

たとえば2016年7月、仲裁裁判所が南シナ海の領有権問題を巡り、中国の主張には何ら法的根拠がないとの判決を発表した。これを受けて中国のネットには抗議が殺到。愛国主義的な言論が続々と投稿されては更新され、民族主義の嵐が吹き荒れた。

「祖先が残した領土だ」「ほんの少しも減らせはしない」――もともと国家指導者の口から発せられたこれらの言葉を、大国に住む小国民が滑稽にもオウム返しに叫んでいる。

そもそも仲裁判決を目前に控えた頃、中国政府系メディアは戦争勃発をしきりに煽っていた。人民解放軍の3大艦隊（東海・北海・南海艦隊）が南シナ海に勢ぞろいして軍事演習を行い、平和的な裁判に対して武力で威嚇する姿勢を鮮明にしたのだ。

だが、仲裁判決が出るや否や、中国政府の態度はあっという間に軟化してしまう。アメリカと戦火を交える事態を避けるためだ。そこで御用学者をメディアに登場させ、南シナ

7　**曽慶紅**　1942～。北京石油学院卒。元中国共産党中央政治局常務委員（9人中第9位）、中国共産党中央政法委員会書記、中国共産党中央治安綜合治理委員会主任などを歴任。2015年汚職で無期懲役刑確定。

8　**谷開来**　1958～。薄熙来の妻。2011年、薄熙来の秘書と共謀しイギリス人実業家を殺害したことで、執行猶予2年付きの死刑判決を受ける。

海の領有権問題は「やはり平和的に話し合いで解決するべき」と発言させて、事を丸く収めようとしたのである。

一方、中国の大衆は「戦争だ」「開戦だ」と猛々しく叫んだ。「南シナ海開戦なら真っ先に従軍する」「オレを戦争に行かせてくれ。銃をぶっ放してやる！」とネットでは勇ましい言葉が飛び交うものの、実際に街へ出て抗議デモをしようなどという勇敢な者は1人もいない。というのも、当局が前もって「抗議デモを禁止する。抗議デモに参加した者は法によって厳正に処罰する」との通達を出していたからだ。

さらに中国政府はネットを封鎖して南シナ海問題を巡る仲裁裁判所の判決の全文を掲載させないようにした。無論、真実を知る権利を剥奪されたことについて、政府に対して抗議の声を上げる「愛国の輩」はただの1人もいない。

戦争もできず、抗議もできないとなったので、愛国主義者はストレスを発散させるため別の方向に転換した。外国製品の不買運動である。中国の愛国者が長年使ってきた手段だ。尖閣問題が激化した時には日本製品の、アメリカの軍艦が南シナ海を航海した時にはアメリカ製品の、南シナ海の領有権問題が紛糾した時にはフィリピン製品やベトナム製品の、韓国が高高度防衛ミサイル（THAAD）を配備した時には韓国製品の不買運動が叫ばれた。かくして抗議の横断幕は、「アメリカ、日本、韓国、フィリピン、ベトナム……の製

9　**李嘉誠**　1928～。広東省出身。香港最大の企業、長江実業グループ会長。2013年、世界8位の富豪。王権林、ジャック・マーと、華人圏富豪第1位の座を争う。
10　**王健林**　1954～。四川省出身。中国の不動産王手、大連万達集団（ワンダ・グループ）の設立者で総裁。2016年、約3兆2400億円の資産で中国一、世界18位の富豪となる。

品をボイコットしよう！」と、ますます長くなる一方である。

だが、そんなスローガンに呼応して、実際に外国製品をボイコットする国民などいくらもいない。そこで、**文革時代を懐かしみ、革命歌を歌うのが大好きな〝愛国おばちゃん〟たちのお出まし**となる。彼女たちはケンタッキーやマクドナルドの店舗に押しかけて、店の前で赤い革命旗を掲げ、中国国歌を歌い、客が店に入れないよう妨害した。

彼女たちは「アメリカのフライドチキンを食べるとは先祖の面汚し」「いつかアメリカと戦争になった時、あんたたちの出した金がアメリカ軍の砲弾となる」「ケンタッキーを食べた者は将来〝漢奸〟になる」などとヒステリックに騒ぎ立て、たまりかねて退散する客の後ろ姿に向かって「去りなさい。去ればあなたも中国人」と追い打ちをかけるのだ。

そんな最中、別の騒動も起こった。中国共産党青年団（共青団）が、中国の女優で監督のヴィッキー・チャオが監督する新作映画に「台湾独立派」と「日本軍国主義」の俳優を起用した、と吊し上げにかかったのだ。**主演に抜擢された台湾人俳優の戴立忍《ダイリレン》[11]を台湾のひまわり学生運動を支持した「台湾独立派」、同映画の出演が決まった女優の水原希子を、靖国神社や旭日旗の前で写真を撮ったり、民主運動家でアーティストの艾未未《アイウェイウェイ》[12]の作品にフェイスブックで「いいね！」をしたりして中国を侮辱した、と非難**した。

「愛国主義」の錦の旗を振りかざし、共青団がネット上で大規模な世論煽動工作を行い、

11　戴立忍　1966〜。台湾出身。俳優、映画監督。88年、国立芸術学院卒業後俳優デビューし、これまでに様々な国際映画祭で受賞多数。
12　艾未未　1957〜。北京出身。現代美術家、キュレーター、社会評論家。著名な詩人である艾青の息子で80年代から現代美術家として活躍。世界各地でも活動する一方、社会運動にも力を入れる。

激しい非難にさらされたヴィッキー・チャオ、載立忍、水原希子の３人は「謝罪」に追い込まれ、深々と頭を下げたのだ。ただし、台湾のネットではこの騒動を受けて「中国に謝ろうコンテスト」が立ち上げられ、中国を揶揄するユニークな投稿で溢れかえった。

実は、この年、２０１６年の初めにも、似たような〝吊し上げ〟が起きている。韓国のアイドルグループ「ＴＷＩＣＥ」のメンバーで台湾出身の周子瑜《ジュオジイウ》[13]が、中華民国（台湾）の国旗を手に持って韓国のバラエティ番組に出演。これを「環球時報」がやり玉に上げ、やはり愛国ネット市民を煽動し、周子瑜と所属事務所のＪＹＰに「謝罪」させたのだ。だが**この騒動は同年1月、台湾独立派の蔡英文が台湾総統選に圧勝する一因となった。**まさに**台湾人の中国に対する最高の返礼**といえよう。

「愛国主義」を鼓吹する中国の権力者の目的ははっきりしている。それは、民族主義を利用して国民の感情を煽り、国内における不満を国外へと逸らし発散させることである。

これにたやすく乗ってしまう中国人は実に多い。彼らが「国を愛していない」とは言わないが、**〝盲目的〟に「国を愛している」がために、独裁政権に手軽に利用されてしまうのだ。彼らは「ぶざまな中国人」というよりは、「かわいそうな中国人」というほうが正しい。**自分をダマしている人間のためにカネを数えるような、かわいそうな人間なのだ。

２０１２年９月に発生した「反日デモ」は、党内権力闘争の一環として、政治局常務委

13　周子瑜　1999〜。台湾出身。韓国のJYPエンターテインメント所属の女性アイドルグループ、TWICEの台湾人のメンバー。中華民国の国旗を振ったことで2016年1月、中国側に謝罪を強要させられると台湾では反発が起こり、同月に実施された台湾総統選挙にも影響を与えたといわれる。

員で政法委員会書記の周永康が策動したものである。国内100以上の都市でデモが巻き起こり、日本車が壊され、日系の商店や飲食店なども焼き討ち、略奪の被害を受けた。

西安ではトヨタ車を運転していた李建利という男性が、10数名の暴徒に囲まれ激しい暴行を受けた。そのうちの蔡洋という若者がU字型ロックで李の頭部を殴りつけ、頭蓋骨を折り、脳まで損傷させたのだ。同乗していた妻は「日本車を買った私たちが悪いのです。もう二度と日本車は買いませんから、どうか許して……」と泣いて暴徒にすがった。李さんは下半身麻痺になり、犯人の蔡洋は懲役10年の実刑判決を受ける。ようするに、**反日デモの実害を中国人が受けるという、皮肉な悲劇を反日デモは生んだ**のだ。

ただし、このような愛国主義の嵐は、中国共産党にとって〝諸刃の剣〟だ。民衆の不満を逸らして民心を掌握し、独裁体制を堅固にすることもできる一方、極端に熱狂した民族主義は、いつ制御不能となって中国共産党に非難の矛先を向けてもおかしくないという危険性をはらんでいる。

そうなったら、中国共産党は非難を受けるだけでは済まず、ついには革命が起きて崩壊させられることも十分に考えられる。まさに100年ほど前、**清朝政府が民族主義的な排外運動である義和団**[14]**に突き動かされ、諸外国に宣戦布告した結果、自滅への道を辿ったように……**。

14　義和団　ドイツの租借地、山東省で始まった反キリスト教運動から発展した排外主義グループのこと。特定の組織があるわけではないが、その排外主義の主張は清朝も動かし列強諸国に宣戦布告。だが日米露英などの8カ国連合軍に清朝は敗れ、王朝滅亡への引き金となった。

リアル・チャイナ8

わずか8円で党を守る勇敢な兵士

――政府に意のままに操られるネットゲリラの実情

「五毛党《ウーマオダン》」という中国独特のネット用語がある。ネットで政権を擁護し、返す刀で体制を批判する者や西側諸国の価値観を攻撃する集団のことだ。彼らは「愛国」の旗を振りかざし、自分たちは「政治的に正しい」と思いこんでいる。

彼らはプロのネット集団である。**投稿1件につき政府から5毛（0・5元＝約8円）もらえる仕組み**になっている。何かといえば湧き出てきては、政府の意向を激しく代弁する「ネットゲリラ」だ。

中国の先人は「五斗米のために腰を折らず」と言い、人としての気骨を示すことをよしとした。だが現代中国のネット住民たちは、たかだか5毛のために腰を折り、最低限堅持すべき気概さえもなくしているといえよう。

中国共産党は総力を挙げて五毛党の拡大を図ろうとしている。2015年、共青団中央は1050万人の「青年ネット文明志願者」――すなわち五毛党を公開募集する文書を発表した。政府系メディアも五毛党を公に弁護している。「環球時報」は2015年、**「中国**

のよきネットユーザーは勇敢な五毛党として党にたくさん『いいね！』をする者のみならず、喜んで『自乾五《ズカンウー》』となる者たちだ」とあからさまな煽動工作を行った。

「自乾五」とは「自帯乾糧的五毛」の略で、「自ら食糧を携帯する五毛党」という意味だ。つまり、金銭を受け取らず自発的にネットで党を称賛したり、同調したりする〝ボランティア〟たちのこと。プロ集団の五毛党とは立場の異なる体制擁護派を指して、ネットユーザーが名づけたものだ。

実は中国共産党の役人は、これら五毛党や自乾五を内心軽蔑している。「お前たち五毛党だか自乾五だかが、偉大なる中国共産党の仲間であるわけがないだろうが」と。

２０１６年、台湾の大統領選挙が終わるや否や、中国共産党が構築したネット規制の厚い壁（ファイヤーウォール）を〝紅いネット軍隊〟が大挙して突破し、台湾独立派のメディアや政党や政治家のフェイスブックを攻撃した。彼らは主に五毛党と自乾五で構成されており、毛沢東左派（超保守派）や極端な民族主義者が混ざり合った、単なる雑多なネット軍隊にすぎない。

だが、彼らは自らを天から遣わされた兵士と勘違いし、傍若無人に台湾のネット世界を席巻した。無論、どれほど勇ましく攻撃しようとも、彼らは紅い帝国に隷属する臣民以外の何者でもないのだが……。

　これら**五毛党は、自分たちが突破したファイヤーウォールが、実は台湾が設置したものではなく、中国共産党が設置したものであることなど知る由もなかった。**もちろん、その壁は、台湾のネットユーザーをシャットアウトするためのものではなく、中国のネットユーザーを封じ込めるためのものである。

「ネット版ベルリンの壁」ともいえる中国版ファイヤーウォール「グレートウォール」のせいで、中国のネットユーザーは自由に情報にアクセスすることができず、問題の真相も知ることができない。中国共産党が選んだ情報だけを閲覧するしかなく、やがて洗脳されていく……。そして洗脳を真に受けた一部のネットユーザーが、五毛党や自乾五のように極端化、過激化するのである。

　このようなエピソードがある。五毛党の青年が中国のネット規制を突破して香港のネットに入り込み、香港学生運動のリーダー黄之鋒[15]にコメントを書き残した。

「俺がファイヤーウォールを突破したのは、お前に1つ聞きたかったからだ。『お前のような若造に民主主義の何がわかるのか！』と」

　これに対し、黄之鋒はこう返答した。

「民主主義とは、君がわざわざファイヤーウォールを突破しなくても僕に質問ができるということさ」

15　**黄之鋒**　1996～。香港出身。香港公開大学生、2014年の「雨傘運動」の元リーダー。街頭占拠デモなどで有罪となるも、執行猶予付きで社会奉仕活動を命じられる。16年10月、タイを訪問したものの、中国政府の圧力により香港に送還された。英語名ジョシュア・ウォン。

怒る権力者、冷める13億の中国国民
――威勢のいいアジテーターの情けない正体

「中国は国際ルールを遵守すべき」と諸外国から指摘されるたびに、中国政府は「13億の中国国民を怒らせた」と逆ギレする。

だが、実際に怒っているのは中国共産党の権力者たちだけである。**何かといえば、すぐに「13億の中国国民」を持ちだして、ああだこうだといちゃもんをつけるのは、まさに13億人の自国民を人質に取って、好き勝手を言っているようにしか見えない。**

そんなことは、かつて親中派として知られたシンガポールの国父、故リー・クワンユー首相でさえ見抜いていた。彼は中国について次のように語っている。

「中国は隣国をいじめている」

「中国は『その大きさにかかわらず、すべての国は平等だ』とわれわれに言いながら、われわれが中国の機嫌を損ねることをすると、『13億の中国国民を怒らせた』と言う」

一方、タカ派の解放軍大佐で『中国夢』の著者である劉明福[16]は、こう噛みついた。

「アメリカ政府が13億人を敵と見なし、中国を敵と見なしたから、中国はアメリカの敵に

16　劉明福　前国防大学教授。中国が世界ナンバーワンを目指すべきだと説いたベストセラー『中国夢』の著者。習近平がスローガンとする「中国夢」は、この本の影響を受けているとされる。

ならざるを得なかったのだ」

ここに出てくる13億人は、まるで全員同じことを考える1つの頭しか持ち合わせていないかのようだ。その頭とは劉の頭で、ようするに劉が怒れば、13億人も怒るということになる。つまり、**心の中で劉は、中国13億の国民はみな、劉のような過激派にただ盲目的に追従する、能無し人間たちだと嘲笑っている**のだ。劉の主張は13億の中国国民に対する侮辱以外の何ものでもないのである。

もう1人、やはりタカ派を自任する元人民解放軍少将の羅援[17]は、次のように日本を脅している。

「ひとたび軍事衝突が勃発すれば、中国国内の13万人の日本人を人質にする」

この言葉に中国のネットユーザーから、疑問の声が上がった。

「日本には100万人以上の中国人が住んでいるよね。これじゃあ、彼らも日本の人質にされちゃうよ」

すると羅援は逆ギレして吠えた。

「13億の中国の子女に代わって激しく怒りに燃えて、再びわが観点をここに申し述べよう。わが国土を侵す者は一族もろとも根絶やしにしてやる！」

中国国民から多くの反対意見が上がってもなお、自分が「13億人を代表する」と叫んで

17　**羅援**　1950〜。四川省出身。人民解放軍の元軍人、軍事評論家。最終階級は少将。現在は退役し、中国戦略文化促進会の常務副会長を務めている。

やまない彼のように、偏執的で自分が見えていない人間は、実は中国の官僚たちの間に大勢いる。

だが、驚きというかなんとも情けない話がある。

実は、**羅援自身かつて逃亡兵だった**のだ。1979年、中越戦争の開戦前夜、前線の雲南省で作戦参謀の要職にあった羅援は、突然の異動命令で北京へと戻る。共産党幹部だった羅援の父、羅青長が裏工作をして息子を危険な前線から呼び戻したのだ。

1980年代の中国映画に中越戦争を描いた「高山の下の花飾り」という映画がある。この映画に、共産党幹部の家庭出身だったため戦場から逃げ延び命拾いする2世の共産党員の軍人、趙孟世が出てくる。この人物のモデルこそ羅援だ。

かつて敵前逃亡した臆病者が、今や恥ずかしげもなく顔をさらけ出して、「戦争だ！」と息巻いている。その分裂した人格を笑わずにはいられない。しかも羅援の妻子はアメリカに移り住んでいるのだ。

彼は、「どうして妻や子供をアメリカへやっているのか？」と問われたところ、不遜にもこう言い放った。

「わが家族をアメリカへ行かせたからといって、われわれが国を愛していないことにはならない」

リアル・チャイナ10

文革も北京入城も決め手は「おみくじ」

――「宗教」と「幽霊」の恐るべき呪縛力

古代中国は神を信仰する国であった。中国人は天地を敬い神を畏れ、神に祈り祖先を祀った。そのため、古代中国は「神州」とも呼ばれる。

皇帝は自ら「天子」と名乗った。天の子、天から統治を託された人物という意味だ。だから、ひとたび国に天災や人災が起これば、皇帝はそれを天罰と受け止め、「罪己詔《ズイジジョオ》」[18]という詔を発しなければならない。

やがて、後漢時代の1世紀に仏教が中国へ伝えられた。キリスト教が伝来するのは近代初頭である。だが歴代統治者の多くは、宗教が政治を脅かすのではと恐れ、排斥した。こうして宗教は、5～6世紀の南北朝時代を除いて中国で広がることはなかったのだ。

このように**信仰の基盤が弱いために、必然的に今生今世の富を追い求めることが多くの中国人の人生目標となった。**「金持ちで身分が高くなっても、忘れないでいてくれ」などの卑屈な言い回しが示すように、こうした思想が今に至るまで影響を及ぼしてきた。これが**中国社会における道徳水準の低下の原因**である。

18　罪己詔　中国の古代皇帝が自らの罪を認め、反省したことを天下に示す詔（みことのり）のこと。

19　劉少奇　1898～1969。湖南省出身。第2代国家主席などを務め、党内序列は毛沢東に次ぐ第2位であったが、文化大革命で資本派と見なされ失脚。幽閉の末、非業の死を遂げた。

さらに、中国共産党は「宗教はアヘンである」とまで宣言し、各地の宗教遺跡を破壊し宗教活動を弾圧。毛沢東は、麻薬を売るように、己の「思想」を大衆に強く押しつけた。民衆が宗教を信仰するのを許さず、己を〝神〟と崇めさせようとしたのだ。このため中国共産党のプロパガンダはバカげた自己矛盾に満ちている。「救世主などいない、神にも仙人にも皇帝にも頼らない」（「インターナショナル」歌詞）と歌ったかと思えば、続けて「彼は人民の大きな救いの星」（「東方紅」歌詞）と歌うというように。

もっとも、**人民に対して宣伝していることと自分たちがしていることが常に違うのが共産党**である。無論、毛沢東もその例外ではない。**実は毛沢東は何をするにも〝おみくじ〟を引いてから決めていた**のだ。権力を奪い9月9日に北京入城を敢行したのも、自分の親衛隊を8341部隊と名づけたのもみな、おみくじで占った結果に基づいている。

後に**杭州の霊隠寺で引いたおみくじに「運命の勢いが強く止められない」と記されていたため、文革の発動を決意し劉少奇**[19]**を粛清**した。「死んだらマルクスに会いに行く」というのが毛沢東の口癖で、党員たちも真似して繰り返し口にした。これは官僚も党員も死後の世界を信じ、幽霊の存在を信じて、事に当たっていたことの証しである。結局、毛は迷信にかられた一生を送ったのだ。

これまで無数の中国共産党員、官僚たちが陰で神仏を拝んできた。腐敗にまみれた彼ら

20　李鵬　1928〜。上海出身。国務院総理（首相）、全国人民代表大会常務委員会委員長（国会議長に相当）などを歴任。初代国務院総理の周恩来・鄧穎超夫妻の養子となり、それを後ろ盾として国務院トップまで登りつめる。長らく電力畑に身を置いたため、一族に電力会社関係者が多い。

はいつ自身の悪事が発覚するかと恐れ、神仏の加護を祈っているのだ。天安門事件の張本人の1人とされる当時の李鵬[20]首相は、チベット仏教の弾圧者でもある。だが皮肉なことに、その娘で中国の電力利権を独占し「電力小姐《シャオジエ》（＝ミス電力）」と呼ばれた李小琳[21]は、子会社の副社長へと左遷させられた後、チベット仏教を信仰するようになり、チベット仏教の活《かつ》仏《ぶつ》に師事したのだ。宗教に対する矛盾と侮辱に満ちているとしか言いようがない。

もっとも、どれほど弾圧しても宗教信仰を絶滅させることができないので、共産党はアメの手法に転換した。「三自愛国教会」という政府公認の官製教会を設立したのだ。「三自」とは自治（政治的自立）、自養（財政的自立）、自伝（中国人による伝導）の3つを指す。そして、信徒に共産党を擁護し熱愛するよう強要しているのだ。だが、これこそ神に対する冒瀆である。

中国の歴史を見ると、末世に現れる現象の1つに「100の宗教が興れば王朝の終わり」という特徴がある。現在の中国では、民衆は中国共産党が流布した「無神論」の呪縛から解かれ、精神的信仰を求め始めている。プロテスタント、カトリック、家庭教会、地下教会、法輪功などが続々と力を増し、その勢いを止めることはできない。

まさに「100の宗教が興れば王朝の終わり」という通り、共産党の紅い王朝も今まさに末世を迎えていることが、このことからもわかるだろう。

21　**李小琳**　1961〜。李鵬の娘、清華大学卒業。中国電力投資集団公司副社長、中国電力国際発展公司理事長などを歴任。「電力業界の女王」と呼ばれるようになる。しかし2015年、汚職疑惑などが報じられると、中国大唐公司副社長へと降格させられた。

リアル・チャイナ11

そこかしこに現れる〝国父〟の亡霊

――懐かしさと既得権益が生んだ「毛沢東フィーバー」

現在、中国の一部で「毛沢東フィーバー」が起っていることに、多くの人々が困惑している。

だがこの現象も、ドイツのネオナチやスターリンの肖像画を掲げてデモ行進するロシアの一部国民の現象に重ね合わせれば、それほど理解の難しいことではない。毛沢東の影もまた消えてはおらず、〝賊〟を〝父〟と仰ぐ盲目的な崇拝者や、第二の毛沢東を気取る者が未だにいるということだ。だが、これらの現象も滅亡を前にした最後のあがき、偽りの流行にすぎない。

確かに中国の一部で、毛沢東の肖像画を掲げてデモ行進したり、『毛沢東語録』を高らかに読み上げたり、毛沢東バッジをつけたりする人がいる。さらには、**毛沢東の肖像画を車内にぶら下げて、「お守り」代わりにしているタクシー運転手がいるのも事実**だ。

現在の中国では腐敗が横行し、貧富の格差が広がっている。この反動で、一部の中国人は毛沢東時代を「貧しかったが平均してみなが貧しかった」と考えている。「少ないことを心配せず、等しくないことを心配する」（『論語』）との守旧思想によって、毛沢東時代を「懐かしむ」のだ。

だが、こうした懐旧思考は、毛沢東時代に対する完全なる誤解によっているものであり、愚かしさの産物である。なぜなら、**毛沢東時代、すでに中国共産党幹部は給料や住居などで、他にない特権を与えられており、党内には腐敗がはびこっていたからだ。**

それに対して、土地も耕牛も家もすべてを国有として接収された一般国民は文字通り無一文、何の所有物も持っていなかった。毛沢東本人はと言えば、その生活は豪奢で腐敗しており、遊興にふけり堕落していたにもかかわらず……。ただ、その住居が紅い塀の内側の奥深くにあったため、中国民衆は知らなかっただけなのである。

世界のたとえばペルーやネパールの辺境では、「毛沢東派」と呼ばれるゲリラ部隊が活動している。さらには台湾や香港でも時折、毛沢東を持ち上げる言動も見られるが、これは単に奇をてらった、目立ちたがりの心理の表れにすぎない。反逆精神を示したいがために、**毛沢東のことなど何も知らない遠い土地の一部の者たちが、毛沢東を「稀少動物」とみなし、盲目的に崇拝しているだけ**なのだ。

かつてスターリンの恐怖政治を経験したソ連では、1953年のスターリンの死後間もなく、スターリンを徹底的に批判し、その遺体も「赤の広場」の外へと移された。旧ソ連が民主化を遂げると、スターリンという苗字はほとんどの民衆から忌み嫌われた。未だにスターリンを崇拝するロシア人もいるにはいるが、それほど多くはない。

一方、毛沢東の凶暴性はスターリンに勝る。だが中国の統治者にとって毛沢東とは中国の象徴でもあり、**毛沢東を否定するということは共産党を否定すること**となる。今日も続く中国共産党独裁政権は毛沢東時代の延長でしかない。だから歴代の国家指導者はみな毛沢東を守るのに必死なのだ。**毛沢東を守ることは、すなわち共産党を守ること。その目的は、すなわち既得権益を守ることである。だから毛沢東の肖像画は今なお天安門に掲げられたままであり、毛沢東の遺体は今もなお、天安門広場を占拠している**のである。

「リアル・チャイナ5」の項で述べたように、毎年毛沢東の誕生日が巡ってくるたびに、新旧の党の指導者たちは「毛主席紀念堂」へ赴き、恭しく参拝する。2015年、国営放送「CCTV」のメインキャスター、畢福剣《ビフージエン》[22]が食事の席で一言、「(毛沢東が)私たちを苦しめた」とつぶやいただけで、まるで蜂の巣をつついたような騒ぎに発展した。保守派の連中が彼の懲罰を要求し、官製メディアはこぞってバッシングした。

言ってみれば、**「毛主席」とは〝虎の尻〟よろしく触れることのできないもの**なのだ。かくして、懐旧思考と政府高官の既時権益志向が相まって、断末魔の「毛沢東フィーバー」が一部で繰り広げられているだけなのである。

22 畢福剣 1959〜。遼寧省出身。テレビ司会者。2015年4月、友人との会食の席で革命歌に乗せて毛沢東を批判した動画がネット上に流出。出演番組の放送中止がすぐに決まり、以後表舞台からも姿を消した。

第3章

中国人だからわかる一党独裁の乱れた深層

「血」と「札束」に汚れた手が権力の条件

――表には出ない共産中国の権力継承システム

2016年、国際調査報道ジャーナリスト連合（ICIJ）が公開したパナマ文書は世界を震撼させた。なかでも、中国政府上層部のスキャンダルはひときわ注目を集めた。中国政府は国内でパナマ文書関連の情報を全面的に封鎖したが、パナマ文書における中国に関する部分の比重は非常に大きいものであった。というのは、**暴露されたパナマのオフショア会社の3分の1が中国関連のもの**だったのである。7人の現職政治局常務委員のうちでも習近平、劉雲山[1]、張高麗[2]の三大ファミリー、さらには大勢の元指導者らがリスト入りしていたのである。

習近平ファミリーに関する金銭スキャンダルを国際メディアが暴露するのはこれが2回目だ。2012年、習近平の姉の夫、鄧家貴[3]が海外で設立したオフショア会社を通じて、巨額の資金を隠し持っていることが明らかになった。この習近平ファミリーの蓄財について外部にバラしたのが、政敵である江沢民一派だ。彼らの目的は、習近平が進める「反腐敗」「虎を叩く」（大物の汚職役人の摘発）キャンペーンを牽制することだった。

1　**劉雲山**　1947〜。山西省出身。党中央党校卒業。党中央政治局常務委員（序列は7人中5位）、党中央書記処常務書記、党中央党校校長在任中。江派。
2　**張高麗**　1946〜。福建省出身。国務院常務副総理（第一副首相）、党中央政治局常務委員（序列は7人7位）。江沢民の信頼が厚く、長く石油畑を歩んだ。

鄧小平は生前、胡錦濤を後継者に指定した。それは胡錦濤の手が血で汚れていたからだ。1989年、鄧小平が天安門で学生を虐殺した頃、胡錦濤もチベットで虐殺を行っていた。鄧小平の目論見とは、胡錦濤が後を継げば、少なくとも1989年に2人がともに犯した虐殺に関して、訴追されることはないだろうというもの。つまり、**長老鄧小平が後継者を選ぶにあたって考慮した極秘基準とは、「その手が血なまぐさいこと」**であった。

続く江沢民時代になると、この状況が変わる。政府高官は汚職で巨額の富を築き、腐敗が党全体に蔓延した。江沢民一族は中国電信、李鵬（元首相）一族は「中国電力」、曽慶紅一族は「中国能源」（中国のエネルギー関連事業）の利権を、それぞれ独占する腐敗一族である。そのため、彼らにとって、後継者は絶対に既得権益をともに守る者でなければならなかった。そうでなければ、引退した後も安心して眠れない。そこで**江沢民は、後継者を選ぶ際の密かな基準を、「その手が札くさいこと」**とした。

2002年、生前に鄧小平が後継者に指名していた胡錦濤と温家宝が、それぞれ総書記、総理に就任した。胡一族と温一族は元来、清廉潔白なほうだった。だが、2004年になり、保険会社「中国平安保険」が香港の株式市場で上場すると、同社の株を大量に保有していた温家宝の息子の温雲松[4]が突如巨額の富を手にする。さらに2006年、中国民航総局が空港に導入する安全検査システム業者の「一般入札」を実施した結果、今度は数十億

3　**鄧家貴**　1950～。国籍不明（カナダ生まれの華僑といわれる）。習近平の姉、斎橋橋の夫で、北京中民信不動産開発会社の総裁を務める。
4　**温雲松**　生年不詳。温家宝前首相の長男で実業家。ノースウェスタン大学ケロッグ経営大学院で修士号取得。中国衛星通信グループ会長。特権を利用した不正蓄財、インサイダー取引疑惑などが報じられている。

元の提携契約が胡錦濤の息子の胡海峰[5]が総裁を務める会社に転がり込んだ。

こうして胡錦濤と温家宝は既得権益を分け合う仲間となった。自分から進んでそうなったかどうかは別だが、いずれにしても〝賊〟の船の乗員となったのである。これにより、江沢民ら長老は、ほっと胸を撫で下ろした。なお、このあたりの詳しい経緯については、石平氏との共著『習近平が中国共産党を殺す時』（ビジネス社）も参考されたい。

そして習近平の出番だ。当初、習近平のライバル薄熙来が最高権力者の座を奪取しようと企んでいた。**奇妙なことに、まさに習近平と薄熙来の権力争いが最高潮に達していた2009年前後、この両家族ともに海外でオフショア会社を立ち上げ、そこに資産を隠した**のだ。これにより、習近平も薄熙来も最高権力者の座を継承するための重要な資格――太子党[6]であり、かつ既得権益の共有者という資格を得たのである。

運命のいたずらがもたらす偶然の出来事の他に、中国共産党内における権力交替の行方を決定づける規則はない。公式な規則は一切なく、あるのは表には絶対出ない内規だけだ。最高権力を勝ち取り後継者となるには、少なくとも絶対に遵守しなければならない2つの内規が存在する。その内規とは、**経済的には利益を分け合う者であること、そして、政治的には極左（超保守）的態度を示すこと**である。さらに「太子党」あるいは「革命第2世代」という〝血筋〟もクリアできれば、怖い者なしとなるのだ。

5　胡海峰　1971〜。甘粛省出身。胡錦濤の息子。清華同方威視技術股彬有限公司の元総裁。汚職、不正蓄財などの疑いがたびたび持たれている。

6　太子党　高級幹部の子女たちを指す。英語ではプリンス。さらに、なかでも建国以前に共産革命に参加し、日中戦争や国共内戦で活躍・貢献した幹部たちの子女を「革命第2世代＝紅二代」と呼ぶ。習近平など。

リアル・チャイナ13

共産党は今も昔も「"人民元"のために働く」
――北京の中心部でひときわ目立つ「偽りのスローガン」

中国共産党のトップが集う場所――北京・中南海の新華門には、毛沢東の手による題字「為人民服務」（人民のために働く）という5文字を刻んだレリーフが掲げられている。主語のないこの言葉は、一体どんな意味を含んでいるのだろうか。

「人民のために働く」とは、表面的にはこの政権が人民のために働くことを示している。だが中国共産党が現実に求めていることは、「人民が政権のために働くこと」だ。

為政者は「勤倹で節約家」「苦難に耐えて奮闘する」「無私の心で公に奉仕する」「少しも自分自身の利益を求めず、すべては人を利するために」「全身全霊で人民のために働く」などと語るが、実際には中国共産党員は常識ではあり得ない好待遇を受けられる。その中身はランクによって細かく分けられている。しかも、現役はもちろんのこと、リタイアした役人ですら破格の待遇を受けられるのだ。これを中国のネットユーザーは、**『『人民のために働く』とは『人民元のために働く』ことだろう』**と揶揄している。

中国では、中央委員以上の階級の離職高官に対してだけでも、毎年数千億元にも上る公金が支払われている。さらに**江沢民、胡錦濤ら最高階級の離職高官の待遇は信じられないほど。彼らに対して毎年数十億元の公金、1人あたり1億元以上が支出されている**のだ。

江沢民らが受けている特権待遇には、各地の家や専用機、専用列車、高級車、専門医療団などの経費も含まれている。江沢民が離職後に好きに利用できる住まいは北京釣魚台国賓館、玉泉山中央軍事委員会招待所5号棟、上海西郊賓館、上海大公館、蘇州太湖などがある。彼が専用列車を利用する場合、沿線には武装警察が配備され、他の列車はこの専用列車が通り過ぎるまで待たなければならない。たとえ進行方向が同じ特急列車であっても一時停止し、この専用列車を先にやらなければならないのである。

薄熙来の裁判である秘密が暴露された。**薄熙来が大連市長の任にあった頃、江沢民に取り入るために500万元を市から支出して彼の別荘を建てた**のである。後に江沢民は党中央弁公庁の名義で500万元を薄熙来に払い、薄熙来はこの金を自分のものにした。

政治局常務委員以外の高官も巨額の公金が使い放題だ。たとえば、**かつて江沢民の上司であった汪道涵**[7]**は、死ぬまでの数年間に毎年947万元の公金と医療費500万元以上を使っていた**。当局は高級ホテルに医療設備を完備した汪専用の部屋を作った。そのほかの省クラスの離職幹部も、1人あたり年500万元の公費を使っている。

冒頭に紹介した毛沢東の言葉「人民のために働く」は当然ウソである。毛沢東と中国共

7 汪道涵 1915〜2005。安徽省出身。38年中国共産党入党、対外経済連絡次官、上海市長などを歴任。前広東省委書記、現副総理の汪洋は甥である。

産党が行ってきたことは搾取、迫害以外の何ものでもなかった。口では「人民のために働く」と唱えていたが……。戦争の時代を経て平和な時代を迎えるまで、農民は軍に食糧を差し出すよう強要され、生活のすべてを犠牲にさせられたのだ。

農業を犠牲にして軍需産業を推進し、巨額を投じて原子爆弾や水素爆弾を製造開発する一方で、多くの農民が餓死を余儀なくされた。そして今、政府と企業は癒着し深刻な貧富の差を生み出している。

中国の民衆が見たものは、中国共産党が人民のために働くのではなく、人民が中国共産党のために働くこと、ひいては中国共産党の高官のために働くこと――という現実であった。過去には一度、毛沢東ただ一人のために働かされた時代もあったが……。

天災と人災が入り混じった無数の悲劇が、「人民のために働く」を自称するこの政権には「人民のために働く」ためのメカニズムも能力も精神もなく、人民の命を何とも思わない冷血な本性しか併せ持っていないことを証明している。

詳しくは第7章で説明するが、ひとたび災難が発生すれば、救援活動は遅いうえに真剣さに欠け、結局、命が大事な場面でもありとあらゆるアラをさらけ出す。中国共産党が真っ先に考えることは、人民を救済し守ることではない。ただ政権と権力をいかにして守り抜くか、その一点だけなのである。

リアル・チャイナ14

「私の最大の欠点は清廉であることだ」
――誇り高き共産党高官たちのカネと権力「名言集」

中国の高官一族が有する財産は数千万～数兆元にも上る。だが彼らはいつも公の場では清廉潔白で反腐敗であるかのような発言をしている。

この機会に高官たちの〝名言〟を紹介しよう。

「役人になるなら財を成さず、財を成すなら役人にならないこと。己を正さずに周囲の者を管理することはできない。足を引っ張る口実を与えるな」――習近平国家主席

「家庭の教えや風紀をよく注意しなければならない。家族や親族ぐるみで腐敗という悪循環を形成しないために」――劉雲山政治局常務委員

「清廉潔白で公のために尽くせ。正しい人はまず己を正す」「『苟《いやしく》も国家に利すれば生死を以てす、豈《あに》禍福《かふく》に因《よ》りて之《これ》を避趨《ひすう》するや（国を利するなら命をかけて行い、己の禍福を理由に避けたりしない）』を信念にいただき、私利を図ったことはただの一度もない。人民にも歴史にも堂々と顔を向けられる」――温家宝元首相

「汚職と腐敗をほんの少しでも許さない」——周永康前政治局常務委員

「私の最大の欠点は清廉であることだ」——徐才厚[8]前軍事委員会副主席

「清廉とは一種の幸福である。清廉潔白な役人こそ大いなる知恵の持主である」——薄熙来前政治局委員

「冗談も休み休みに言え」とは、まさにこうした発言のためにある言葉だろう。

先述のように「パナマ文書」を含む多くの資料が明らかにしているところによると、ほぼすべての中国高官が海外に資産を移し、外国に財産を隠し持っている。その額は数億〜数十億ドルにも上るという。

そして返還後の香港も、いち早く中国高官がマネーロンダリングを行う中心地となった。

「反腐敗、清廉潔白たれ」と声高に叫ぶ中国共産党統治集団は、最後の最後まで徹底して腐敗し続けるつもりでいる。次から次へと火に飛び込んでゆく蛾のように、腐敗役人は後を絶たない。

8 **徐才厚** 1943〜2015年。遼寧省出身。中国共産党中央政治局委員、党中央軍事委員会副主席などを歴任。14年収賄容疑で訴追された後、膀胱癌で入院。15年多臓器不全のため死去。

リアル・チャイナ15

30年で役人6万人、資金数千億ドルが脱出

――〝ネズミ〟たちの動きでわかる共産党崩壊の予兆

中国政府指導者は役人や党員に「信念を固く」し、「西側を牽制」し、「3つの自信[9]」を持てと求めている。

だが、**実際に中国の役人が持っているのは、何冊ものパスポート**だ。彼らは、いつ何時でも中国を脱出できるよう備えている。「遅かれ早かれ共産党はおしまいになる。逃げ道を作っておかなければならない」というのが、彼らの間の暗黙の了解でもある。

2012年、中国で起こった2つの逃亡劇が世界を驚かせた。元重慶市副市長の王立軍が成都のアメリカ領事館に駆け込んだ事件と、盲目の人権派弁護士、陳光誠が闇夜にまぎれて北京のアメリカ大使館に駆け込んだ事件だ。

前者は中国共産党政府の汚職官僚で、後者は人権の闘士である。立場はまったく違うが、身に危険が迫った際に取った行動は、いずれも同じくアメリカへの亡命を決行することだった。**一般国民でさえ、きちんと陳情を処理してくれる機関が国内にないため、アメリカ大使館の門前で「直訴」を行う**ようになっている(外国への直訴ということで「告洋状《ゴウヤンジウォン》」と

9　**3つの自信**　2012年11月、当時の胡錦濤総書記が第18回人民代表大会で発表した政治理念。「理論への自信、進む道への自信、制度への自信」の3つからなる。

呼ばれる)。

だがアメリカ政府は、中国国内の内紛に巻き込まれたくないというのが本音である。その反面、**中国人はアメリカに「中国への内政干渉」を行ってほしいと願っている**。彼らは960万平方キロの中国には安全な場所、道理の通る環境はまったくないと考えている。もしもあるなら、それはアメリカの大使館や領事館である。**中国国内で唯一アメリカの「敷地」だけが安全な場所――中国の一般国民もまた陳光誠と同じ考えであり、政府高官もまた王立軍と同じ考え**なのだ。

2014年、前国家主席の胡錦濤の側近で、中央弁公庁の主任を務めていた令計画は、薄熙来、周永康、徐才厚らとともに習近平を倒す陰謀に加わったため、当局によって投獄された。その後、令計画の弟、令完成はアメリカへの脱出に成功する。令完成は令計画から渡された2700通もの極秘文書(核兵器や海上防衛、指導者らのスキャンダルなど)をアメリカ政府へ渡したと見られている。

その同時期に、郭文貴という富豪が前国家副主席の曽慶紅、前国家安全省副大臣の馬建[10]と密接な関係にあったために逮捕されそうになったが、その直前にアメリカへ逃亡した。これらのことから、ますます多くの中国の役人や富豪が政権内部の権力闘争で不利になった際、国外へ逃亡していくだろう。

10　馬建　1956～。江西省出身。85年、西南政法学院卒業。中国国家安全部に長年勤務したが、2015年収賄などの疑いで身柄を拘束される。

もっとも、たとえ何事もなくても、中国の役人や富豪はやはり国外へ逃亡する。彼らはみな一党独裁政権の恩恵を最大限こうむっている利得者であり、今日の中国における最大の利益集団の一員である。だが、**2011年に中国社会科学院と中央紀律委員会が発表した調査報告によると、この30年間で外国へ逃亡した政府役人は4000人、流出した資金は500億ドルに上る**という。しかし、この数字はあくまで政府の「公式発表」だ。**実際には、政府役人6万人、資金数千億ドルが外国へ逃亡、流出している**とされる。

近年、中国では移民ブームが巻き起こっている。その特徴は投資移民で、主に二世共産党員や二世役人、二世富豪などである。「億万富翁《チィエンワンフーウォン》（＝年収1億元以上）」で移民に成功した者は全体の27％に達する。「千万富翁《イーワンフーウォン》（＝年収1000万元以上）」では60％が移民を希望しており、実際、移民の14％を占めている。年間所得が12万元以上の中産階級と呼ばれるホワイトカラー階級では、ほぼ全員が移民希望者だ。

限りない欲望、留まることを知らない腐敗、そして党が滅亡し権力を失うことへの恐れ。これらの要素が相まって、役人たちは中国から大脱走をし始めた。まるで、ビルが傾き始めたのをいち早く察知したネズミのように……。この現象は、紅い政権の前途が危うく、いつ突然の強風によってなぎ倒されるかもしれない状況にあるということを、明確に示しているのである。

リアル・チャイナ16

昔も今も常に「政権は銃口から生まれる」
――人民を置き去りにした、軍と党の危うい二人三脚

中国政府の統治者は「党が軍を指揮する」と強調してきた。中国軍は共産党を守る「党衛軍」でなければならないという意味である。だが、党内部では、**「党が軍を指揮する＝軍が党を指揮する」**というパラドックスに陥ってしまっている。中国共産党では、軍隊を掌握した者が全党に命令を下すことができる。これも党の〝内規〟だ。

かつて、**毛沢東は軍権を掌握していたからこそライバルを打倒し、独裁を実現**することができた。後の**鄧小平は「第一線を退く」と言いつつ、軍事委員会主席の地位に居座り〝院政〟を続けた。**その後の**江沢民も国家主席の座は胡錦濤に譲ったものの、軍事委員会主席の地位は手放さなかった。**後にとうとう、この座から降りざるを得なくなったが、**引退後も軍に潜り込ませた腹心（徐才厚や郭伯雄[11]など）を使って、胡錦濤を骨抜きにした。**

そのため、胡錦濤は軍事委員会主席に就いても、軍を指揮できなかった。軍は衛星撃墜実験を行ったり、新型兵器を製造したりと勝手し放題だったが、胡錦濤はいつも最後の最後にそれを知るという有様。時には、アメリカの要人から問われて初めて、軍内部で何が

11　**郭伯雄**　1942〜。陝西省出身。軍人で党中央軍事委員会第一副主席などを歴任。最終階級は上将。2015年、収賄容疑で訴追され無期懲役が決定。上将の位も剝奪された。

起きているのかを知るという屈辱を味わわされたこともあったのである。

そのため、習近平は国家主席に就任した後、いち早く軍権の掌握に乗り出した。軍内部で反腐敗キャンペーンを敢行し、徐才厚と郭伯雄の2人の軍事委員会副主席を失脚させ、軍を震撼させた。さらに、リストラによって軍内部の反対勢力を一掃。軍部の改革という口実で7大軍区を5大戦区へ格上げしたのも、表面的には対外的な軍事戦略という形をとりながら、実際には軍の再編成という手段で将軍のすげ替えを行うなど軍内部の統制である。こうして習近平は、一歩一歩軍権の掌握を進めたのだ。

だが、しょせん「党が軍を指揮する」とは人民に対しての言葉にすぎない。すなわち、解放軍は「党の指揮に従わなければならない」ものであり、人民の声など聞かないという意味だ。毛沢東は、かつて**「政権は銃口から生まれる」**と言った。**その意味は政権を倒すには軍に頼らなければならず、政権の座を手に入れた後もまた軍に頼らなければならないということ。人民に対しては銃で鎮圧し、党内部の政敵もまた銃で平定する……**。

これは現代文明の政治とは、はるかにかけ離れた〝ヤクザ社会の原理〟そのものだ。軍を改革すると言うのなら、軍を党の護衛隊から国防軍へと変え、人民の手に戻して初めて、真の改革と言うことができる。そうでなければ、軍区を戦区に変えてみたところで、しょせん、相変わらず続く権力闘争の〝出し物〟の1つにすぎないのである。

リアル・チャイナ17

2000万元以上で誰でも軍区司令官に
——カネと女で骨抜きとなった世界最大の軍隊

中国は領土領海を拡張させるべく東シナ海や南シナ海、そして中印国境地帯で周辺国に対する挑発を繰り返している。一方で解放軍の腐敗は頂点に達しており、軍紀は乱れきっている。**「こんな軍隊で戦争ができるのか」と習近平は軍幹部に質したことすらある**のだ。中央軍事委員会副主席だった徐才厚と郭伯雄は2012年にリタイアした後、習近平に訴追され投獄された。徐才厚は病死し、郭伯雄は法の裁きを受けた。2人が訴追されたのは、薄熙来、周永厚と政権転覆を共謀し習近平を倒そうとした疑いがあったからである。習近平が2人への報復に用いた理由が、「反腐敗」だった。だが、習近平が粛清できるのはすでにリタイアした軍幹部のみであり、現役の軍幹部には手出しができない。

軍事委員会主席に次ぐ軍の権力者であった徐と郭のみならず、解放軍全体が腐敗している。軍の腐敗は5段階からなる。第1段階は募兵時である。**解放軍に入隊するためには、農村の男子は2万元、都市部の男子は5万元、農村の女子は少なくとも10万元の賄賂を渡さねばならない**。女子の入隊が高くつくのは、女性兵士の募集枠が少ないためである。女性兵士の福利厚生は男性兵士よりもよく、しかも前線で戦闘に参加する可能性はほぼない。そのうえ、あわよくば将校や将軍に嫁いで上官夫人の座に収まれる可能性もあるのだ。

第2段階は昇級時である。下級将校になるためにはランクに応じて10万、20万、30万元を工面しなくてはならない。実際、軍における贈収賄の金額は非常に明朗である。徐才厚と郭伯雄が、軍事委員会副主席の職権を利用して受け取っていた賄賂は、たとえば**少将になるには500万元以上、中将なら1000万元以上、軍区司令官なら2000万元以上**という額だ。彼らが逮捕された後、大量の現金や宝石、貴金属が自宅から押収された。軍総後勤部副部長の谷俊山[12]の自宅からも、大型トラック4台分の資産が押収されている。

第3段階は軍事費の横領である。中国の軍事費は年々増加しており、この20年以上の間で年20%近い成長を遂げたこともある。GDPの成長率をはるかにしのぐ伸び率だ。だが、この膨大な軍事費を将軍、将校らが横領し続けている。これもまた解放軍トップが東シナ海や南シナ海、中印国境で挑発行動を画策し続ける原因の1つなのだ。**国外において有事の危険性があるとなれば、軍事費を増やす口実となる。こうして増え続ける軍事費は、軍人たちの私腹を肥やすために使われている**のだ。

第4段階は違法な商業行為。鉱物資源の警備部隊は原油や砂金や材木を売り飛ばし、国境警備部隊は武器や麻薬の販売に手を染め、「交流」目的で外国を訪れては象牙を密輸する。

12　谷俊山　1956〜。河南省出身。中学卒業後、17歳で人民解放軍に入隊、2009年、軍総後勤部の副部長に就任する。14年、収賄、公金流用などの罪に問われ、翌年、執行猶予2年の死刑判決。全財産も没収される。

第5段階はセックスである。**逮捕された徐才厚と郭伯雄は愛人を囲い、大勢の女性と関係していた。この2人は政治局委員の薄熙来、政治局常務委員の周永康と1人の情婦を共有していたのだ。それが、「中国のセレブ歌手」といわれた湯燦**《タンツァン》[13]である。他にも、海軍副司令官の王守業[14]は6人の愛人を、前出の谷俊山は23人もの愛人を囲っていた。

これら以外にも武器や備品などの購入でマージンを受け取ったり、軍事訓練の経費をごまかしたり、軍事情報を売り飛ばしたりといった不正も日常茶飯事である。解放軍の腐敗は頂点に達している。金と欲に溺れ、士気を喪失したその様は、19世紀、日清戦争で日本海軍に敗れた清の北洋艦隊の惨状をはるかに超えている。

人民解放軍元上将の劉源[15]は、かつて日中衝突の危機回避を進言した際、腐敗した解放軍が日本と戦うことなど無理だという趣旨のことを述べた。元軍総政治部副主任の張樹田[16]は「軍が腐敗して久しい。これを厳しく取り締まればクーデターが起こる可能性がある」と述べ、「リアル・チャイナ9」の項で紹介した元国防大学教授で『中国夢』の著者、劉明福も解放軍が「反腐敗と腐敗による反反腐敗」の問題に直面していると認めている。

ちなみに劉は『解放軍はなぜ勝てるのか』という題名の本も上梓しているが、こんな体たらくなのだから『解放軍はなぜ負けてしまうのか』と題名を変えたほうがよいのではないだろうか。余計なお世話かもしれないが……。

13　湯燦　1975〜。湖北省出身。「国家一級演員」の称号を持つ軍人歌手、女優で新世代女性民謡歌手の代表的な1人といわれる。アメリカに留学した際、諜報機関に誘われアメリカのスパイとなり、帰国後、次々と高級幹部たちの愛人になり、軍事・経済等に関する機密情報を西側に漏えい。その罪で収監後、2016年6月出獄している。

リアル・チャイナ18

世界一の「論語読みの論語知らず」

――「孔子学院」から遺跡破壊まで中華文明侮蔑の歴史

「世界の人々の中国語と中国文化への理解を増進し、世界の多元的な文化の発展を促進すること」を設立趣旨としてうたっている「孔子学院」。これまでに中国共産党は、この孔子学院を世界に500校以上設立した。

ただ**疑わしいのは、自国では「一元的な指導」を行っている共産党が、国際社会に「多元化」「中国語と中国文化」を売り込んでいるということ**。孔子学院が本当に広めたいものは何なのか。それは、**多元化や中国文化ではなく、中国共産党の腐敗まみれの価値観**である。「孔子」の名を冠していても、その実体は羊頭狗肉、孔子に対する侮辱でしかない。

中国共産党は「中国文化の代表者」を自任しているが、党が誕生するや、反中国文化の狼煙《のろし》を上げて孔子批判運動を繰り広げ、山東省にある孔子の家や墓を破壊した。と同時に、西洋から結果的に〝ゴミ〟と化すマルクス・レーニン思想を取り入れ、中国民衆を愚民化し操ったのだ。そして、1949年に中国共産党が政権の座を奪取すると、中華文化にとっていよいよ受難の時代が始まる。

14　王守業　1943〜。河南省出身。2001年、海軍副司令官に就任。2005年、愛人による告発で汚職が発覚し、翌年、執行猶予2年の死刑判決。その後、無期懲役となる。
15　劉源　1951〜。北京出身。首都師範大学卒業。全国人民代表大会財政経済委員会副主任委員。父は元国家主席の劉少奇。2015年、定年による退役が発表された。

詳しくは第7章に譲るが、1966年から10年に及ぶ文革中に、中国共産党は持てるすべての組織を総動員して中国文化を破壊した。黄帝陵や孔子廟など中華民族の祖先の廟は、それまで数千年もの間、幾度も戦火にさらされたが無傷だった。かつて中華民国の内戦における軍閥でさえも、過去の遺物に畏怖の念を持っていたのだ。だが平和な時代に入ると、中国共産党は黄帝陵を壊し、孔子廟を取り潰した。**先人を踏みにじり、祖先を忘れ去った中国共産党の暴虐は、歴史上のいかなる暴君や軍閥をも超越していた**といえる。

国内外から激しい非難を受け、しでかした罪の大きさに文革後、ようやく気がついた中国共産党は、一部の文物や古跡の修復作業を行った。だが、芸術作品の贋作と同様、しょせんニセモノにすぎない。さらに、これらのニセモノを製作、建造する過程において、共産党の役人たちは上から下まで賄賂を受け取ったり、手抜き工事をしたりして私腹を肥やした。いわば、中華文明を再度冒瀆したのである。

中国共産党は邪悪な心で中華民族の伝統的な美徳——仁義礼智信、忠孝廉恥、敬天畏神、楽天知命など——を壊し、その代わりに党文化——暴力文化、ウソつき文化、ならず者文化——を打ち立てたのだ。これにより、中国人の道徳水準は史上最悪のレベルまで堕ちた。これこそが、中国共産党が中華文明最大の敵であり、中国文化の代表者になる資格がないことの明確な証拠なのである。

16　張樹田　1939～。河南省出身。瀋陽軍区総政治部組織部部長を皮切りに、蘭州軍区副政治委員、軍総政治部副主任などを歴任。2000年、上将に昇進。2004年、退役。

中国共産党こそ歴史上最大の〝穀潰し〟
――なぜ、中国は2006年まで食糧援助を受けていたのか？

「一番大きな問題は飯を食うこと」「共産党は13億人を養ってきた！」と鄧小平ら中国の指導者は言ってきた。

だが、**実際には共産党が13億人を養ってきたのではなく、13億人が共産党を養ってきたというのが真実**だ。しかも、党が政府を兼ねているため、中国国民は2倍の負担を強いられてきたのだ。「党がすべてを指導する」「党が軍を指揮する」といったスローガンのもと、中央から下部に至るまですべての組織は、党と政府の二重に属する。軍隊、警察、検察、司法機関、企業、小学校から大学までの教育機関も、そして農村の行政組織も例外なくだ。しかも、中国共産党は二重組織どころか五重組織（党委員会と政府のほか全国人民代表大会、政治協商会議、紀律委員会を含む）であることを自ら認めている。

前漢の時代（**紀元前3～1世紀**）**、中国の人口は少なかったが、それでも8000人の民が1人の役人を養っていた。だが今の中国では、わずか26人の民で1人の役人を養っている**計算なのだ。**今日の中国は、かつて共産党主義者によって定義された、まさに資本家に**

よる「搾取社会」に名実ともに成り下がっているのである。

しかも中国人は、役人だけではなく党員も養わなければならない。党で得られる利益を求めて党員になる人の数は、膨張の一途にある。1997〜2002年までの5年間で6000万人近く増え6635万5000人へと拡大。2015年には8779万3000人にまで増加した。つまり党員の数だけで、世界の主だった大国の人口を超えているのだ。

長い歴史のなかで、中国は幾度も飢餓の危機に見舞われてきた。その原因のほとんどがイナゴの大量発生や洪水、地震、戦争などだった。ただ、たいていは食糧も資源も豊富な時代に起きているため、外部からの援助も必要としなかった。つまり、**中国は歴史的に自給自足ができた国であり、衣食住は中国人にとって問題にはならなかった**のだ。

ところが、1949年に中国共産党政権が発足すると、平和な時代だった中国で突如、歴史上類を見ない大飢饉が発生したのである。詳しくは第7章で解説するが、餓死者は3800万人（4300万人との説もある）に上り、この数はそれまでの中国史上の餓死者の合計を超えた。

さらに中国共産党は愚かにも朝鮮戦争に参戦したうえ、外国への大規模な援助を行い、自国民の食糧を枯渇させた。しかも毛沢東は、「階級闘争を綱領とする」と叫んで「唯生産力論」（生産力を重視する論）を批判し、民による経済発展を阻害した。民が所有するほんのわずかな財産や土地も「資本主義の残滓《ざんし》」と見なされて、ことごとく強制没収された。民が私的に行う小さな商売でさえも「投機行為」として厳しく取り締まられた。**国の経済発展を制限した政府は、中国共産党が世界史上最初にして唯一である。「一番大きな問題は飯を食うこと」とはとどのつまり、共産党が自ら作り出した問題にすぎなかった**のである。

毛沢東の死後、国内外の圧力を受けて中国共産党は経済発展に力を入れ始めた。それと同時に、**1979年から2006年まで、世界食糧計画（WFP）の援助を受け入れたのだ。ここに、歴史上外国からの食糧援助を初めて、かつ最も長く受けることとなった**のである。

もっとも、このような状況下、中国共産党の締めつけが緩んだおかげで、中国国民も「包産到戸《バオシャンダオフー》」[17]を試行し始め、徐々に経済状況を向上させていった。

だが、この期に及んでもなお中国共産党は、人の手柄を自分のもののようにすり替えて、共産党が「13億人の食糧問題を解決した」と吹聴した。党に異議を唱える者がいようものなら、**「共産党の飯を食いながら共産党の鍋を叩き壊すのか」**とののしる有様だ。

このような、毛沢東が引き起こした大飢饉から始まって、今日の党の極度の腐敗、高官らが海外へ資産を移している状況によって、確実に証明されたことがある。それは**「共産党こそが、人民の飯を食いながら人民の鍋を叩き壊している」**ということだ。

17　包産到戸　1980年代から始まった改革政策の一環で、「生産責任制」ともいう。農家が農作物生産を請け負い、それぞれの農地に応じて一定の生産量を国庫に納付し、超過分は自由販売できるというもの。毛沢東以来の農業生産制度を変え、生産性向上に寄与した。

リアル・チャイナ20

中国嫌いで西洋崇拝者の世界一の殺人者
――「建国の父」毛沢東の知られざる横顔

毛沢東の死後、権力を掌握した鄧小平らは、毛沢東を名指しして「晩年に重大な過ちを犯した」との「決議」を下した。だが最終的な結論は、「その功績が第一であり、過ちは二義的なものである」であった。

そもそも、**国家経済も民生も顧みることなく、公然と経済を破壊した者は毛沢東を置いて他にいない**。毛沢東は「社会主義の草となることを望むとも、資本主義の苗となることを望まない」と宣言した。だが、その27年間に及ぶ統治の間、中国経済は崩壊し、大飢饉を招き、数千万もの民が餓死していった。こんな惨状は中国史上のいかなる時期にも、また世界のどの国家にもなかったことである。

毛沢東は教育を蔑み、ほとんどの知識人を下放（地方への追放）したり打倒したり、あるいは死へと追いやった。さらに、学制の短縮、教育革命を訴え、毛沢東1人の手によって引き起こされた文化大革命で高等教育は停滞し、初等教育は完全に荒廃してしまった。

また国際社会では、毛沢東はヒトラーとスターリンと並ぶ20世紀の「3大虐殺者」と呼ばれている。事実、**ヒトラーは600万人のユダヤ人を虐殺し、スターリンは1200万人のロシア人を虐殺した。だが毛沢東が虐殺した中国人は少なくとも3000万人以上に上る。大躍進による餓死者を合わせれば7000万人以上(8000万人以上との説もある)の中国人が、毛沢東の統治下で命を落としている**のだ。また、毛沢東は生死をともにしてきた戦友や同志に対しても容赦なかった。劉少奇、彭徳懐[18]、賀龍[19]、陶鋳[20]、林彪[21]ら建国の功臣は、ことごとく毛沢東に迫害され死に追いやられた。

このようなことができたのは、実は**毛沢東が敵視していたものこそ中国**だったからだ。**かつて書簡のなかで「愛国主義を深く憎悪する」と本音を吐露。日本の侵攻という国難に直面した時も、毛沢東は抗日運動を抑えつけ日本軍と結託して、抗日戦争で疲弊していた国民政府に公然と襲いかかり打倒**した。さらに言えば、**毛沢東は中国文化を憎悪**していたのだ。文革で中国の文化をほとんど破壊したうえ、これを今後も「7、8年に一度行おう」と誓った。また、毛沢東は「核戦争をする」と豪語し、「たとえ中国の人口の半分が死んでも惜しくはない」などと狂気に満ちた、国民を侮蔑する暴言を吐いた。

その反面、**毛沢東の本質は西洋崇拝者だった**。ドイツとロシアの「マルクスとレーニン」を生涯の師と仰ぎ、死の直前まで「マルクスに会いにいくのだ」とつぶやいていたのは、「リアル・チャイナ10」の項で説明した通りだ。

18　彭徳懐　1898〜1974。国務院副総理兼国防部長、中央政治局委員、中央軍事委員会副主席などを歴任したが大躍進政策を批判したため失脚。文革中、癌の治療を拒否されるなど最後まで冷遇され続けた。
19　賀龍　1896〜1969。軍人、政治家として中国建国に貢献。だが文革で批判され、病気の適切な治療が受けられず、69年医療過誤により獄死。

他方、毛沢東の私生活は乱れ切っていた。楊開慧[22]、賀子珍[23]、江青[24]――みな前の婚姻が終わらないうちに次の妻となった。つまり、**毛沢東は重婚の罪を何度も犯してきた**のだ。そのほか、毛沢東の凌辱を受け、人生を台無しにされた女性は数知れない。

そんな毛沢東だったが、**「幽霊も神も信じない」としていたにもかかわらず、実は晩年、極度に死を恐れていた。**周りにいた者たちの多くが、毛沢東は死ぬ前の1年間、毎日泣き暮らしていたと述懐している。涙で顔を泣きはらし、まるでうつ病のようだったという。〝死神〟が忍び寄るのを感じていた毛沢東は、地獄へ落ちるのを恐れるかのように、その心は巨大な恐怖に囚われていたのだ。

殺人という犯罪は人類にとって許しておくことはできない。だから、毛沢東を徹底否定するのは当然の理である。だが**鄧小平は毛沢東批判を行った際、「三七開」の結論、すなわち「3割が過ちで、7割が功績」であったと総括**した。世界で最も多くの無辜《むこ》の命を奪い去った毛沢東が「3割の罪と7割の功」を勝ち取れるなら、ヒトラーやスターリン、ビンラディンらにも「3割の罪と7割の功」があったということになる。さらに言えば、一般社会の犯罪者や世界を揺るがすテロリストさえも……。

そんなことになったら、この世に正義というものは存在し得るのであろうか？

この世に公理は存在する、と子どもたちに自信を持って言えるのであろうか？

20　陶鋳　1908～1969。国務院副総理、党中央政治局常務委員、党中央宣伝部長などを歴任したが、文革で失脚。69年、胆癌により死去。
21　林彪　1907～1971。国務院副総理、党中央委員会副主席、党中央軍事委員会第一副主席などを歴任。一時は毛沢東の後継者に認められたが、毛との政争に敗れてソ連に亡命する途上、モンゴル上空で飛行機が墜落し死亡。

今、この瞬間も権力をもてあそぶ長老政治

——西太后の流れを汲む、野蛮で陰湿な宮廷様式の院政

中国政治の特徴である〝長老政治〟は、鄧小平が発明し江沢民が継承したものだ。ただ、この「中国モデル」の源泉は、後述するように、清朝末の西太后[25]にまでさかのぼることができる。

毛沢東は死の直前、文革時に次いで再び鄧小平を粛清し、鄧小平をすべての役職から解任した。１９７６年、その毛沢東の死の直後、ナンバー2の華国鋒[26]がクーデターを起こし、毛沢東夫人江青ら文革派を逮捕。こうして華国鋒が国家主席の座を継いだ。そして政権奪取から1年後、56歳の華国鋒は73歳の鄧小平に温情を示し、要職に復帰させたのだ。鄧小平は深く恩に感じ、華国鋒に言った。「われわれが、あなたを20年補佐しましょう。この先21世紀まで」と。

だが、鄧小平は深謀遠慮の企みを巡らせ、数年間の権力闘争の末、華国鋒を政権の座から引きずり降ろしたのだ。75歳の高齢に達していた１９７９年から、鄧小平は中国の実質的な最高指導者として君臨した。「中央顧問委員会」を創設し、党の元老を買収して同委

22　楊開慧　1901～1930。毛沢東の2番目の妻。30年、長沙で逮捕され銃殺された。なお毛は楊開慧の生存中の28年に賀子珍と結婚している。

23　賀子珍　1909～1984。毛沢東の3番目の妻。26年に中国共産党に入党、1928年に毛沢東と結婚。38年にソ連に留学するが、精神を病み入院。47年帰国。この間の39年に毛は江青と結婚する。

員会のトップに収まった。現代中国の長老政治が誕生した瞬間だ。

鄧小平を頂点とするこの老人閥の主要メンバー８人は「八大元老」と呼ばれ、中国の政治を支配した。憲法や党の規則を超越して、実務にあたる現役指導者を選出したり罷免したりしたが、たいていは経験が浅く操りやすい若い世代を選出した。華国鋒の後、胡耀邦[27]と趙紫陽[28]がそれぞれ総書記と総理に任命され、鄧小平の院政が始まる。

胡耀邦と趙紫陽が鄧小平と異なる点は、鄧小平は経済改革には賛成だが政治改革には反対だったことだ。だが、胡耀邦と趙紫陽は経済だけでなく、政治にまで改革の手を伸ばそうと考えていた。１９８６年、中国で学生運動が発生し、民主化を求める声が高まった。胡耀邦は学生に同情的な態度を示したが、鄧小平ら長老たちの叱責を受け翌１９８７年に罷免されてしまう。その後を継ぎ、総書記となったのが趙紫陽である。

胡耀邦は失脚した後、悶々とした日々を送り、２年後に心臓病を突然発症しこの世を去った。すると、その死を悲しむ学生や民衆によって大規模な追悼活動が起こされたのだ。追悼活動は最大規模の民主化運動、すなわち１９８９年の民主化運動へと変わった。

趙紫陽は、武力による学生と民衆の鎮圧に反対したが、やはり鄧小平らによって罷免されてしまう。その後、２００５年に死去するまで16年もの長きにわたって軟禁された。かつて１００年前の清で院政を行っていた西太后が、憲政改革を進めていた光緒帝[29]を軟禁し

24　江青　1914～1991。毛沢東の4番目の妻。文革を主導し「紅色女皇」と呼ばれた。文革後、死刑判決。減刑の後、病気治療中に北京の自宅で自殺。

25　西太后　1835～1908。咸豊帝の妃として長男を出産。咸豊帝の死後、実権を握り長く院政を敷く。死の直前、愛新覚羅溥儀（宣統帝）を後継者として擁立した。なお、嫉妬深く残虐というイメージは後世の俗説。

たことを彷彿《ほうふつ》とさせる出来事であった。野蛮で陰湿な中国宮廷の悲劇が、再び繰り返されたのである。

天安門事件の後、江沢民が中国共産党総書記となった。1993年、鄧小平が亡くなり、江沢民が実権を掌握し2002年まで在任。江沢民の引退に伴い胡錦濤が次の最高指導者に就任した。だが、江沢民は引退後も鄧小平を真似て長老政治を強化。政治局常務委員会や中央軍事委員会に送り込んだ腹心を通して、胡錦濤を監視し「上皇」となったのだ。党総書記、国家主席を務めた10年間、胡錦濤は完全に江沢民によって骨抜きにされた状態にあり、「中枢に政治命令を下せない」状況に置かれたのは前に説明した通りである。

長老政治の本質とは政治を支配し監視することである。そして、中国の紅い王朝の観念によれば、**長老政治が存在すべきれっきとした「合理性」がある。それは、政治制度の変革を防ぎ、紅い政権が〝他の色〟に変色するのを防ぐこと**だ。

だからこそ、胡耀邦と趙紫陽が政権の座にあった頃、その裏側で監視していた鄧小平らの長老は、胡耀邦と趙紫陽が民主化や政治改革を推し進めようとしているのを知るや、それを阻止するためにすぐさま2人を一片の温情もかけることなく失脚させたのだ。そして、**江沢民もまた、胡錦濤や続く習近平に政治改革を行わせないために、今この瞬間もあれこれと策を巡らせている**のである。

26 華国鋒 1921～2008。山西省出身。1938年共産党入党。毛沢東に信頼され、その死後の最高指導者となるも、鄧小平との権力闘争に敗れる。2002年政界引退。
27 胡耀邦 1915～1989。湖南省出身。党中央委員会主席、党中央委員会総書記などを歴任。文革で失脚後、鄧小平とともに復活。だが改革路線を咎められ失脚。その死が天安門事件の引き金となった。

リアル・チャイナ22

偽りの保守と偽りの自由主義のバカし合い

――イデオロギー闘争に名を借りた「功名争い」

1992年に表向きには政治の世界から引退したものの、その後も陰で実権を握り続けた鄧小平は、同年、改革開放の加速を呼び掛ける有名な「南巡講話」で、「右傾化を警戒しつつ、だが一番重要なのは左傾化を防ぐこと」と強調した。

鄧小平が言う右傾化とは「資産階級の自由化」、すなわち「西洋化」のことで、左傾化とは毛沢東がやったような階級闘争や文革の流れを踏襲することである。鄧小平による左派の定義は改革をしない者、鄧小平が進める経済を中心とした改革政策に反対する者のことだった。だから「一番重要なのは左傾化を防ぐこと」と強調したのだ。

鄧小平は「改革をしない者は政権の座を降りよ」とも語った。この言葉は当時、政権を握っていた江沢民と李鵬に向けたものである。1989年の天安門事件の後、江沢民と李鵬は極度に左傾化を進め、学生らを武力鎮圧した虐殺の張本人である鄧小平さえも眉をひそめるほどであった。

だが、鄧小平の死後、中国の国家指導者はみな左傾化を進めている。ほとんど極左とも

28　趙紫陽　1919〜2005。国務院総理（首相）、党中央委員会総書記などを歴任。89年の天安門事件で失脚し、05年に死去するまで軟禁された。
29　光緒帝　1871〜1908。清朝第11代皇帝。3歳で即位し、当初は伯母の西太后の院政が続いたが、やがて自ら政治改革に乗り出す。だが改革は失敗、西太后の死の前日に死去。毒殺ともいわれる。

いえるほどだ。江沢民は左傾化しすぎたため、鄧小平の怒りに触れ、すげ替えられた。だが、その後を継いだ胡錦濤と習近平も左傾化しており、江沢民に勝るとも劣らない。

実はこうなったのには理由がある。それが前の項で説明した、民主化運動を支持した改革派の胡耀邦と趙紫陽の命運だ。**胡耀邦と趙紫陽が辿った悲劇は、後の国家指導者への強烈な戒めとなった**。長老と利益集団を怒らせたらどうなるか、その恐ろしさをまざまざと知らしめることとなったのだ。

鄧小平の死後、江沢民はまるで「1000年耐えて姑になった嫁」のように、自らもやっと政治の実権を握る長老になった。**江沢民が極左だったので、後を継いだ胡錦濤や習近平もまた、自分が実際左派であるか右派であるかには関係なく、左派として振る舞わねばならなかった**のである。

胡錦濤は就任後、「キューバと北朝鮮に学べ」と主張、その左傾ぶりは人々を驚かせた。習近平も就任後、まるで毛沢東時代に後戻りしたかのように毛沢東の旗を掲げ、毛沢東語録を引用、その左傾ぶりは胡錦濤よりも目を見張るものがある。

思想的に習近平は、江沢民や胡錦濤より必ずしも左傾化しているとは限らないが、少なくとも彼らよりも左派であるように見せかけなければならない。なぜなら、「反腐敗」「虎を叩く」という名目の権力闘争に勝たねばならないからだ。反腐敗キャンペーンが広範囲に及ぶと、習近平は党に対してその成果を示さねばならない。そこで、自分がやっていることはみな党を守るため、党を救うためであり、党の既得権益を守るためなのだ、と一種の自己弁護を行わざるを得なくなったのである。

かつて、政権奪取を目論んだ薄熙来が、なぜ「唱紅打黒《チャンホンダーヘイ》」（革命歌を歌い腐敗勢力とマフィアを撲滅する＝左傾化・反腐敗・反マフィアのスローガン）を唱えて文革式の運動を起こしたのか。最高指導者の座に就任した習近平が、なぜ毛沢東の亡霊を引きずり出して左傾化を叫ぶのか。これらはすべて、今述べてきたような理由による。

結論を言えば、**今日の中国の政治風潮とは、党内で権力を握るためには左傾化競争に勝つことが不可欠**である。左であればあるほど優勢に立てる。左であればあるほど、党の既得権益を守っていることの証明となり、役人や党員が自分に盲目的に追従し、反対することを防げるからだ。これは、**中国政府に蔓延する「功名争い」の文化**である。

とはいえ、習近平は表面的には極左であるが、政権上層部において彼が最も信頼する一番の盟友は、最も自由主義的思想を備えた王岐山だ。無論、江沢民派の真の左派である劉雲山、張高麗らではない。これで明らかなことは、**左か右かという政治的な態度は権力者にとっては、単に政争の具でしかなく、真の左派なのか、ニセの左派なのかなど、どうでもいいということ**なのである。

第4章

中国人だからわかる間違いだらけの売国外交

リアル・チャイナ23

危険な覇権主義、冒険主義の行きつく先

――「中国脅威論」の裏にある背景を読み解く

昨今、世界では「中国脅威論」が盛んに語られている。その理由は中国政府が狂ったように軍備を増強し、好戦的な言動を行っていることにある。さらに進んで、武力で周辺諸国を威嚇し外洋へ向かって拡張しようとしている。

しかし、**中国政府にとって軍拡の本当の目的は、実は対外的なものではない。国内、すなわち中国の民衆に対してであり、独裁政権の存続を守ることがその目的**なのだ。これは、中国共産党の権力者が1989年の天安門事件から得た教訓である。鄧小平が人民解放軍を派遣してデモ隊を鎮圧した後、ほっとして言った。「軍は試験合格だ」と。

これを機に軍事費の大幅増加に踏み切る。軍人の福利厚生を手厚くし、昇給昇級を絶えず行い、軍の人心を掌握した。次に軍備を拡張し戦力を強化して、党を守る無敵の軍隊を作り上げた。ひとたび問題が起これば、すぐさま出動して人民の鎮圧に当たるのだ。さらに、中国は3段階の戦略的軍拡目標を設定した。

第1段階は中国人民をターゲットにしたものだ。**1989年の天安門事件の後、中国の**

軍事費は毎年2ケタの割合で増加していく。中国共産党当局は「軍隊は国家の安全を守るに際し非常に重要な役割を担う」と言っているが、この「国家」とは「政府」のことであり、「国家の安全」とはすなわち「政府の安全」のことである。**中国の経済発展に伴い軍事力を膨張させていった中国政府は、人民を鎮圧するには十分な力が備わったと見越したところで、軍事増強の対象を転換**させた。

第2段階は台湾をターゲットにしたものである。1990年代から21世紀初めにかけ、中国は台湾を強く威嚇してきた。海空軍の能力を大幅に向上させ、台湾に照準を合わせた大量のミサイルを配備。台湾海峡は幾度となく緊張感が高まった。

メディアは「中国の実力はもはや昔のままではない。アジア太平洋地域の政治に影響を及ぼすことができ、軍事的に台湾よりも優勢である」とホラを吹いた。そして、**台湾を威嚇するには十分な力が備わったと見越したところで、またもや軍事増強の対象を転換**させたのである。

第3段階は周辺国家をターゲットにし、アメリカを挑発することだ。2010年、中国は南シナ海で傍若無人に振る舞い、同海域を巡る紛争を激化させた。2012年、中国政府は大規模で暴力的な反日デモを画策した後、日本が100年近くも実効支配を続けてきた尖閣諸島に軍艦と戦闘機を派遣し、日本との軍事衝突の危機を醸成した。と同時に解放軍は新型兵器を続々と開発。軍の高官は「中国が軍備を拡張するのは世界最大の強権国家、アメリカに立ち向かうためだ」と勇ましく豪語したのだ。

さらに2016年初め、習近平は7大軍区を5大戦区に再編成した。**「軍区」を「戦区」に変えたのは「戦争する」ことを意味**する。ナチス式国家主義、ソ連式挙国体制にとりつかれた共産中国は、第2次世界大戦時の日本、ナチスドイツ、そして共産ソ連が実現できなかった幻想――アメリカを打倒し〝文明の衝突〟に勝利するという幻想の実現を目指し始めたのだ。言葉を代えて言えば、**中国共産党が狂ったように軍拡を推し進めるその目的は、中国国内のみならず世界をコントロールするため、中国人民のみならず世界の人々を奴隷化するため**である。

つまり、当然のことながら、中国脅威論とは外国が騒いで言い出したことではなく、中国政府自らの行動が生み出した話題なのだ。中国の威嚇的な拡張主義がアメリカ、EU諸国、日本、オーストラリア、インド、アセアン諸国など多くの国々に、中国を最大の潜在的敵国だと思わせているのである。

しかし、この動きはあくまで中国共産党の行為であり、中国人民が望んだものではない。つまり、**今存在しているのは「中国の脅威」ではなく「中共の脅威」であり、中国人民と世界の人々がともに直面している共通の脅威**だということを忘れてはならないのだ。

リアル・チャイナ24

自縄自縛に陥る北朝鮮への〝裏の援助〟
――ヤクザの親分と子分による「長編茶番劇」

２０１６年9月、北朝鮮との国境に近い中国遼寧省丹東市にある鴻祥実業公司という中国企業が、核実験に用いられる酸化アルミニウムなどの物質を長期にわたって北朝鮮へ輸出しているとして、アメリカと韓国から名指しで批判された。実は同社は北朝鮮の国営保険会社と合同出資して中国瀋陽市内にホテルを建て、共同経営している。**この「七宝山ホテル」の地下の部屋には北朝鮮のサイバー攻撃専門部隊の特務機関「121局」が駐留し、ここから外国に対してサイバー攻撃を行っている**のだ。

アメリカ政府が再三にわたって交渉した結果、中国政府は鴻祥実業の調査に乗り出さざるを得なくなった。だが、これは単なるパフォーマンスでしかない。なぜなら、**この「民間企業」とされている鴻祥実業は、実は中国政府の密命を受けて、北朝鮮の核兵器開発計画に協力していた**からだ。中国政府のやり方は、政府は表立っては行動せずに民間企業を表に立たせる。こうしておけば、いざ国際社会に勘づかれ、追及を受けた場合も、責任をすべて民間企業にかぶせ、自分は知らぬふりを決めこめるからだ。このような企業は他にも数え切れないほどあり、鴻祥実業は氷山の一角にすぎない。

北朝鮮の核技術はパキスタンから秘密裡に手に入れたものだ。そのパキスタンは、中国から核技術を得ている。要するに、北朝鮮の核技術の出所は中国なのだ。２００６年10月、北朝鮮が初の核実験を実施し世界を驚かせた。その後も、北朝鮮が核実験やミサイル発射実験や人工衛星発射実験などの暴挙を繰り返したので、そのたびに国際社会は、中国の態度が曖昧でいつも、いったんは「遺憾だ」と表明するものの、続けて「各国は冷静さと節度を保つよう呼びかける」ことに、非難の声を上げてきた。

中国の言い分は、まるで北朝鮮問題の責任は各国にあり、中国には関係がないとでも言っているようである。だが、中国こそが北朝鮮に核技術や核兵器開発の原料を裏で提供してきた張本人なのである。**朝鮮半島における核の危機とは、中国と北朝鮮、2つのヤクザ国家が共謀して作り上げたものだ。ヤクザの親分と子分がそれぞれいい者と悪者の役を、国際社会という大舞台で長年演じ続けてきた結果にすぎない**のである。

さらに中国は、北朝鮮に物資を大量に輸出している。対外援助用の食糧の90％、北朝鮮が必要とする石油の70％、燃料の60％は中国からの輸入だ。また、中国政府高官が北朝鮮を訪問する際にはいつも、「中朝友好」の名のもとに多い時には20億ドルもの大金を土産としてばらまく……。つまり、**中国からの〝裏の援助〟があるからこそ、北朝鮮は国際社**

会に対して居丈高に振る舞い続けられるのだ。

その後、2012年に金正恩が朝鮮労働党総書記に就任して以来、表面的には中朝関係は冷却化したかのように見える。**事実、中国は当初、故金正日《キムジョンイル》の長男で正恩の兄、金正男《キムジョンナム》（中国滞在）を総書記にしようと画策**していた。習近平は秘密裡に親中派で当時北朝鮮のナンバー2とされていた正恩の叔母の夫、張成沢《チャンソンテク》と政権奪取を企てたのだ。習近平、張成沢、金正男の三者が企てたクーデターは韓国の支持も取りつけ、四者共謀のシナリオへと発展。だが、思いもよらず、クーデター計画が事前に正恩に勘づかれてしまう。正恩は先制攻撃に出て、張成沢を捕らえすぐさま処刑。こうして中国の計画は頓挫した。

ただし、この結果、金正恩が習近平に恨みを抱いたとしても、それはあくまで個人的なもの。これまで行われてきた核の地下取引は間断なく続いている。2016年、北朝鮮がまたもや核実験を行った。今度の実験地は中国との国境付近で、中国に人工地震と放射能汚染の被害をもたらし、中国民衆の強い不満を買った。このため中国政府は渋々北朝鮮に対して「不満」を公式に表明し、「圧力をかける」と述べた。だが、**中朝国境では前と変わらず貿易が続けられていたどころか、以前よりも活況を呈してさえいる**のだ。

一方、韓国は中国に接近し、密接な関係を築いたかに見えた。韓国は中国の圧力によって北朝鮮の暴走を抑えつけたいと考えていた。だが、中国は北朝鮮に何ら圧力も加えず、韓国を翻弄しただけ。北朝鮮が再び核実験とミサイル発射実験を行った時、中国政府は韓国政府からのホットラインにすら出なかった。韓国政府が抱いていた幻想は崩れ去り、共産中国はまったく頼りにならないことを思い知ったのだ。

2016年7月、韓国は長い間決断を渋っていたアメリカとの軍事協力に同意し、韓国内にTHAADを配備した。これに対し、中国政府は激怒して抗議した。というのも、THAADの表向きの目標は北朝鮮とされているが、実は中国に向けたものだと疑っているからだ。中国は韓国に制裁を加えると吹聴し、韓国に「高い代償を支払わせる」と息巻いた。同年、北朝鮮は2回の核実験と多くのミサイル発射実験を行った。この背景には、中国の韓国に対する狂った報復の意図がある。

中国の周辺には4カ国の核保有国がある。ロシア、インド、パキスタン、北朝鮮で、そのうちの2カ国、パキスタンと北朝鮮の核は「中国製」のものである。中国は世界で最も多くの、核保有国と隣接している国となっている。**中国政府の危険な火遊びが、自国を核ミサイル網の真ん中に置くという自縄自縛に陥らせた**のだ。今やこのバカげた核政策によって、中国人の安全が著しく脅かされている。これもまた、中国共産党政権の利益と中国人民の利益が、まったく相反していることを示す格好の証拠なのだ。

リアル・チャイナ25

なぜ「友人」のアフリカは中国を嫌うのか？

――「反中ムーブメント」の新たなる中心地の実態

中国はアフリカで大規模な投資を行い、アフリカの人々を「友人」と呼んでいる。だが、アフリカでは中国に対する反感はますます高まっていて、中国人は「新植民主義者」と呼ばれている始末だ。

中国の「対アフリカ投資」とは要するに現地の資源を略奪し、現地労働者を搾取し、中国製品を売りつけるということ。そして、**中国が言う「援助計画」なるものは、利益が中国の建築業者に流れる仕組みのこと**なのだ。つまり「アフリカを援助する」とは「アフリカを搾取する」ことにほかならない。

世界銀行をはじめとする国際機関も、中国のアフリカ投資のやり方は、経済や貿易の力でアフリカの政治改革を行い、経済援助と引き換えに人権を向上させようという国際社会の努力を台無しにするものだと糾弾。だが中国は、アフリカ諸国に蔓延する汚職や職権濫用、人権蹂躙などを見て見ぬふりをしているうえに、さらに**腐敗と独裁という「中国モデル」をアフリカに広め、〝アフリカの中国化〟を進めている**。

しかも「条件をつけない」と言いながら、中国のアフリカ投資には必ず条件が付随する。それは、アフリカ諸国が中国の投資によって得た利益は、みな中国が建設したインフラや中国製品のために使われなければならない、投資を受けるにあたっては中国から原材料を購入し、中国人労働者を招聘しなければならない、というものだ。

だがその結果、**ルワンダに中国が建設した同国最大規模の病院では亀裂が発覚。アンゴラのラジオ局はほぼ毎日、中国人が建設したビルや道路は品質が悪く倒壊する危険があることを警告**している。**赤道ギニアでは、中国の建築会社で労働者がストライキを起こした際、同社と結託した警察当局が鎮圧に駆けつけて発砲し、死者まで出た。ザンビアでは中国の非鉄金属会社で爆発事故が起こり、52人の現地労働者が死亡**。同じく中国が投資する**ザンビアのコルム鉱区では、低賃金、搾取への抗議に立ち上がった現地労働者に中国企業の従業員が発砲し、12人が負傷**した。また**ガボンでは、中国企業が汚職や脱税、石油の密輸といった悪事に手を染めていることが、現地メディアに報じられている**。

2009年、ナミビアで汚職に関与した3人の中国企業幹部が、同国の反汚職委員会に詐欺と贈賄、汚職の罪で逮捕された。その3人はいわくありげなバックグランドをもつ会社に所属していた。「リアル・チャイナ12」の項でも紹介した胡錦濤元主席の息子の胡海峰がオーナーを務める企業だ。**同社従業員の逮捕劇により、胡錦濤一族が触手を伸ばす海**

外投資の氷山の一角が露呈したのである。

一方、アフリカで中国の被害に遭っているのは人間だけに留まらない。今、中国での需要過多により、世界中のゾウが絶滅の危機に瀕している。2012年から2013年までのわずか1年間で、3万2000頭ものアフリカゾウが殺された。密猟者の狙いは象牙だ。この背後にいるのが中国である。**中国人ビジネスマンも中国政府の役人も解放軍兵士も、みなこぞって「血ぬられた牙」、つまり象牙の密輸に関与**している。驚くべきことに、**2013年、習近平国家主席の専用機もアフリカゾウの象牙の密輸に利用**されたのだ。

ザンビアのサタ大統領が2006年の第1回大統領候補演説で語った言葉が、アフリカの人々の中国に対する印象を代弁している。

「われわれは中国の植民者を追い出し、西洋の植民者に戻ってきてもらわねばならない。西洋の植民者はかつてわれわれの資源を略奪したが、少なくともわれわれの面倒を見てくれた。学校を建て、言葉を教え、文明をもたらしてくれた。西洋人は人間の外見を持ってはいたが、中国人はその外見さえなく、ただわれわれから略奪し搾取するだけだ」

中国を「新植民主義者」と表現するのはまだ控えめといえる。実際には、**アフリカ人は中国人を「大量に湧いた寄生虫」で投資者ではないと揶揄**しているのだ。アフリカ諸国は中国に「NO」を唱え始め、中国との経済協力関係の解消へと向かい始めている。

最強の友人関係か、はたまた従属関係か？

——隣国ロシアとの100年にわたる愛憎劇

毛沢東は「十月革命（ロシア革命）の砲声が我々にマルクス思想をもたらしてくれた」と言う。だが、実際には、**これまでの歴史のどこを見ても、ロシア人が中国に入ってくるたびにもたらされたのは、例外なく大きな災難**だ。

19世紀、帝政ロシアは次々と不平等条約を中国に押しつけ、中国全土の6分の1に相当する150万平方キロの土地を略奪した。1900年、ロシアは義和団事件に際して8カ国連合軍に参加し北京に侵攻。そのなかで最も規律が悪いロシア兵は、各地で放火や略奪の暴力行為を働いた。さらにこの機に乗じて17万人の軍隊を派遣して中国東北地方全域を占領し、現地市民への大虐殺を行ったのだ。その後1904年、ロシアは遼東半島で日本と交戦。軟弱な清朝政府はこれに対し「中立」の立場を保つしかなく、自国が蹂躪《じゅうりん》されるのを黙って見ているだけだった。

20世紀初頭、ソ連から中国に共産主義が輸出されると、中国がこの国からこうむった災禍は最高潮に達する。中国はその後10数年にわたって国共内戦と抗日戦争に突入し、各地で殺戮が繰り広げられ、人々は塗炭の苦しみを味わった。

第2次世界大戦末期、アメリカ軍が日本を破ると同時に、ソ連軍は突如中国東北部へ侵攻して日本軍を急襲。中国の物資を大量に略奪し、中国人女性を強姦した。そして、ここで2つの目的を実現する。1つは**中国東北部における特権の獲得**（中華人民共和国建国後に「条約」という形式によって承認される）で、もう1つは**中国共産党を援助して中共軍に東北地方の支配権を握らせ、戦略的に優位に立たせること**であった。

だが、1960年代、中国共産党とソ連共産党の関係は友好から対立へと変わると、両国の国境に、それぞれ100万の兵を展開。何かといえば武力衝突を起こしては、双方の国民に多大な犠牲を強いた。

21世紀に入ると、**プーチンの強権政権が中国をアメリカ牽制の道具にしつつ、高額の武器を売りつけて金儲けもするという抜け目のなさを発揮**する。たとえば2002年初頭、中国はロシアから2隻の駆逐艦を当初6億ドルの約束で購入した。だが、ロシアの「北部造船所」から「ポーランドの造船所」を経て、やっと中国側に引き渡された時には、価格は14億ドルにまで跳ね上がっていた。途中、ロシアの利益集団にピンハネされたのだ。こうして中国は、元値の2倍以上の金額を支払うはめになった。

しかもロシアは、中国に武器を売却する一方で、伝統的な盟友であるインドとベトナムにも高性能の武器を売却。その両国と「鉄のトライアングル」を形成し、中国を監視している。**ロシア人は対岸の火事を見物するのが好きで、中国と周辺諸国が戦争を起こすのを今か今かと待ち望んでいる**。そして、ひとたび戦争が勃発し中国が負ければ、ロシアは北部から中国に襲いかかるつもりなのだ。第2次世界大戦の終結間際、突如満州と北方領土に侵攻した時のように……。

ロシアは歴史的に、常に中国にとって最大の脅威を与えてきた〝侵略者〟である。中国の領土を最も多く略奪し、中国の利益を最も多く損なってきた。そして歴史の理によって、ロシアはこれから先も中国にとって最大の潜在的な敵であり続けるのは間違いない。

ところが2001年、当時の江沢民国家主席は、ロシアと「中露善隣友好協力条約」なるものを締結。これ以後、中国とロシアは合同軍事演習を繰り返し行うようになり、国際社会に軍事力を誇示するようになった。**外国の軍隊であるロシア軍を中国の領土に自ら招き入れて、軍事行動を許したのは、中国史上初めてのこと**である。

一方で、2009年2月、ロシア軍が検査を受けずに逃げようとした中国商船に、500発の砲弾を撃ち込み撃沈。8人の中国人が死亡する事件が発生した。中国人に対するロシア人の敵意の強さがうかがえる。政府同士の親密さとは裏腹に、両国国民の互いに対する感情は相変わらず冷え切っていることを見せつけた事件だといえよう。

リアル・チャイナ27

ウラジオストックをロシアに献上する
——得意の「売国奴」非難に隠された国辱ものの行為

政府と企業が癒着して、役人が国営企業に安価な商品を販売し、国有資産の流失を招いていること。

公権力を濫用し、国の鉱産資源の開発権を独占し暴利を得ること。

国有地を安値で関連企業に払い下げ賄賂を得ること。

人権侵害に対する外国からの非難を封じ込めるため、外国と大規模な売買契約や経済的な取り決めを交わし、その国に取り入ること。

配偶者や子供を、汚職によって得た財産もろとも外国に移していること……。

これらは言うまでもなく、「売国」行為そのものである。

日中戦争中、戦力が整い始めた中国共産党は「抗日」を叫ぶ一方で、日本軍とコネクションを築き、親日汪精衛[1]政府と裏で結託し情報を交換し合っていた。こうして三者の合作によって国民党政府の力を削ぎ落としたのだ。これを売国と言わずに何と言おうか。

最新の売国行為は江沢民によるものだ。ロシアが強奪した中国の領土を、中国の歴代政

1　**汪精衛**　1884〜1944。広東省出身。中華民国の政治家で別名、汪兆銘。知日派の政治家で蔣介石と決別後、日本と協力し南京国民政府を樹立。名古屋で客死。

権はロシア領と認めてこなかった。ところが、2001年に江沢民が**プーチンと前項で触れた中露善隣友好協力条約を結び、「永久の国境線」として画定**してしまったのだ。

中華民国とソ連は1946年、ソ連が占拠したウラジオストックを50年以内、つまり1996年までに中国へ返還するという密約を結んだ。だがウラジオストックは戻ってこなかったばかりか、江沢民の決定によって永久にロシア領となってしまったのだ。

一方、香港については「中国に復帰した」「統一された」と声高に叫びながら、香港を政府高官のマネーロンダリングの拠点とし、「一国二制度」をぶち壊して香港住民の自治を求める運動を弾圧している。これもまた、中国共産党の手を変えた売国行為である。

政府高官の私利私欲のため、言論を統制し、司法の独立を妨げ、民主化を拒んできた結果、権力に対する監督は失われ腐敗が横行するようになった。汚職役人が海外へ逃げ、資本は流出し、中国は文明後進国の状態から抜け出せないままでいる。これこそ、**中国共産党指導者層が犯した最大の売国行為**である。

以上のことから、どう見ても正真正銘の売国奴は、腐敗した中国共産党であると言える。**自分たちに異を唱え批判する者たちを「売国奴」と呼ぶのは、自分が売国奴だという正体を隠すため**なのだ。

第5章

中国人だからわかる〝帝国自壊〟のシグナル

リアル・チャイナ28

宇宙も地下もネットもすべて自分のもの

――共産党が本当に守りたい「核心的利益」の本質

21世紀に入ると、中国政府は何かにつけて「核心的利益」なるものを主張するようになった。しかもその範囲は、だんだんと大きくなっていく一方である。

中国政府が主張する「核心的利益」とは、「譲歩あるいは話し合いの余地がない」決定事項を指す。たとえば、チベットや新疆ウイグルの問題を「核心的利益」だと主張するのは、すなわち国際社会に対して、チベットや新疆ウイグルで行われている人権侵害についいて口出しをするなという意味だ。

台湾を「核心的利益」だと主張するのは、各国に対して台湾と国交を結ぶな、台湾を支援するなという意味となる。

すでに中国に返還されて久しい香港についても「核心的利益」だと主張。香港とマカオに「国家の安全を守る責任を負う」義務があると述べるのは、香港とマカオで「国家安全法[1]」を強力に推進するという〝予告〟である。

こうした、中国共産党が主張する核心的利益の範囲は拡大していく一方だ。チベット、

1　**国家安全法**　2015年に可決された法律。ネット、宇宙、地下、深海から、文化、科学技術など広範囲にわたる安全保障、安定性維持を主張。香港・マカオだけでなく台湾も対象としている。

新疆ウイグル、香港、台湾に始まり、さらに東シナ海、南シナ海、果てはインドとの国境地帯にまで広がっていっている。つまり、**隣国と領有権を争う紛争地域について、軒並み「譲歩も話し合いの余地もない」と一方的に定義づけているの**だ。まさに、むき出しの覇権主義である。

また、中国政府が制定した先述の国家安全法は、実は核心的利益の範疇を好き勝手に拡大解釈したトンデモ法だ。その対象は政治、軍事、経済、金融、エネルギー、食糧のほか、科学技術、宗教、出版、教育、インターネット、さらには宇宙、国際海底、極地までをも含む広大な概念に及ぶ。

さらに、中国共産党から見た空間的な核心的利益は、首都から地方、中心地帯から辺境地帯、漢民族の居住地域から少数民族の居住地域、内地から香港・マカオ、大陸から台湾、陸地から近海、中国から隣国、地下から宇宙、そして、現実社会からインターネットの仮想空間……と無限に広がる。

このように、**上から下まで、内から外まで、その中心にあるのは共産党という独裁者の権力以外の何ものでもない。つまり、これこそが唯一無比の「核心的利益」、すなわち統治集団の既得権益なのだ。それ以外のいわゆる核心的利益とは、この最も重要な核心的利益のお飾りやつけ足しにすぎない。**

むしろ、わざとその範囲を大きく広げて、表には知られたくない最も大事なものを隠し守っているとさえいえるのだ。

事実、2009年7月に初めて行われた「米中戦略・経済対話」で、中国共産党国務委員の載秉国《ダイビングオ》[2]が「中国の核心的利益」について次のように論じている。

第1に基本的な制度と国家の安全を維持すること。
第2に国家主権と領土を保全すること。
第3に経済社会の持続的かつ安定的発展を確保すること。

このことからわかるのは、**中国共産党の「核心的利益」の主要な点とは、要するに現行の一党独裁政治と政権の安全を守るということ**である。

前出の国家安全法が発布されたのは、2015年7月1日の中国共産党創立記念日のこと。つまりこれは、政権党が自分で自分に贈った贈り物——党を、権力を、既得権益を守るために編み出した国家安全法という名の贈り物で、記念式典に自ら花を添えたというわけである。

2 **載秉国** 1941〜。貴州省出身。1973年中国共産党入党。現在、国務委員、党中央委員、党中央外事弁公室主任に在任中。南シナ海問題で中国を断罪した仲裁裁判所の判決に対し、「紙切れ同然」と述べた。

リアル・チャイナ29

共産党の真の敵は一体どこの誰なのか？
——治安維持費が軍事費を上回る異常事態のカラクリ

こんなジョークがある。宇宙人が地球人の新聞を読み、アメリカは地獄で中国は天国だと判断した。なぜならアメリカの新聞はほとんどが悪いニュースだが、中国の新聞はほとんどがよいニュースだからだ。だが宇宙人が地球を一回りしてみたところ、実際は逆だということに気がついた。そこで宇宙人は地球人とはウソつきで、新聞に書いてあることは事実と逆だと考えた……、というものである。

天安門事件の後、中国共産党統治は長期的な「治安維持」の段階へと突入していき、準戒厳状態となった。最大級の治安維持部隊を擁し、**国家経済と国民の生活支出の総額を上回る治安維持費を計上。2011年以降、党が「公共安全費」と呼ぶ治安維持のための費用は軍事費を超え続けているのだ**。これは外国の敵よりも、むしろ国内の敵のほうが多いことを図らずも示している。

2016年、党の治安維持費は9552億元に上ったが、実際には1兆214億元に達したという話もある。一方、同年の軍事費は9543億元であった。つまり、中国共産党政権を維持するために、中国は莫大なコストを支払っているのだ。

その一方で、**治安を維持するのも政府ならば、治安を乱すのもまた政府**である。この循環を支えるものは、またしても利益とカネである。中国共産党のあらゆる階層の役人が、膨大な公共安全費の分捕り合戦に熱を上げているのだ。

そこで、よくよく考えていただきたい。もしも治安を乱すような事件がなかったら、治安維持を行う必要がなくなる。もしも治安維持を行う必要がなかったら、公共安全費を調達する必要がなくなる。では、こうして天文学的数字の公共安全費を調達できなければ、中国共産党の大小の役人らは、自分たち独自の〝実入り〟を一体どこから調達すればよいのだろうか。その乱れた暮らしを一体どうやって維持していけばいいのだろうか……。

だから**中国共産党の役人たちは左手で治安を乱し、右手で平定する**のである。新疆ウイグル自治区やチベット自治区、さらには漢民族の居住地区でもそうである。**現場にいる下っ端の悪徳警官に社会の底辺にいる民衆に暴力を振るわせ、紅い王朝の威を借りて威張り散らす**。その一方で**政府上層部への陳情ルートを民衆にわざと残しておき、上層部に慈悲深いお代官様を演じさせる**。つまり、あらゆる苦労、衝突、実害はみな現場、下層階級に背負わされているわけだ。こうして北京を根城とする中央政府は、労せずして最大の勝利者となることができるのである。

リアル・チャイナ30

積極的攻撃、重大な打撃、その場で処理

――新疆で繰り広げられる国家的テロ行為の全貌

中国共産党は「当局に抗議するウイグル族はみな『テロリスト』であり、政府が新疆ウイグル自治区で行っている鎮圧行動は『対テロ』行動であり、国際社会のテロとの戦いと合致するものである」と宣伝している。

この主張を聞いて、なるほどと思う者もいる。なぜなら新疆ウイグル自治区に居住するウイグル人はイスラム教を信仰しているからだ。だが、新疆ウイグル自治区で起きている衝突と世界のその他の国で起きているテロ攻撃とは、まったくの別ものである。

新疆はそもそも中国からすれば外国であり、「西域《さいいき》」「西遼《せいりょう》」「西突厥《にしとっけつ》」などと呼ばれた。18世紀、ようやく清朝の統治がこの地に及び、「新疆」と命名（1759年）。これは、**新しく開拓した辺疆（国境地帯）という意味**である。だが、間もなくして西域の国々は再建され、一部の地域はロシアに占領された。19世紀末になって再び清朝が西域を支配するようになり、「新疆省」が創設される（1884年）。

その後1933年、ウイグル人が蜂起して独立を宣言。「東トルキスタン（第1共和国）」

を建国するも、ソ連が支援する中国軍閥によって鎮圧され失敗に終わる。1944年、ソ連と中国共産党の支持のもと、ウイグル人は再び蜂起し、「東トルキスタン（第2共和国）」を再建するが、第2次世界大戦の終戦後、ソ連が支持をやめ、これも失敗に終わった。

戦後、中華民国と中華人民共和国は清の領土を引き継ぎ、新疆を中国全土の6分の1という最大面積を占める省とし、1955年、新疆ウイグル自治区に改称された。すると、**共産党統治のもと、多くの漢民族が新疆へ移住してきたため、民族間の軋轢が激化**。さらに、21世紀に入ると中国共産党が高圧的な統治を行い、新疆全域で衝突事件が頻発するようになったのである。

とりわけ、2009年にウルムチで起こった「七五事件」が、その分水嶺であった。同年6月26日、広東省韶関市でウイグル族の男性が漢民族の女性工員を「強姦した」との噂が流れ、漢民族がウイグル族を集団で襲撃する事件が発生した。事件は両民族の大規模な衝突に発展し、数で上回る漢民族の集団がウイグル族を袋叩きにしたのだ。現地の警察がこれを放置したため、衝突は夜通し行われ、2人のウイグル族が殺害され100人以上が負傷した。

この事件を受けて同年7月5日、新疆ウイグル自治区首府のウルムチ市で1万人規模の抗議デモが起こった。韶関市の事件に対する当局の対処を不満とし、事件の黒幕を追及し殺人犯を逮捕して裁判にかけ、ウイグル族の人権を守るよう訴えたのだ。すると**当局は軍と警察を出動させ、平和的な請願運動を行っていたウイグル人を襲撃し逮捕**。それでもウイグル人がデモを止めなかったため、軍と警察はデモ隊に向けて発砲し、武力鎮圧に乗り出す。これにより大規模な衝突に発展し、数百人のウイグル人が殺害される一方、100人以上の漢民族が死亡した。これが「七五事件」である。

中国政府は「七五事件」を「焼き討ち、破壊行為が著しい暴力的な犯罪事件」と断定。テレビなどのメディアも「ウイグル族が漢民族を殺害した」と報じて、一方的なプロパガンダを垂れ流し、漢民族のウイグル族に対する敵対感情を煽った。そのため事件の2日後、今度は数万人の漢民族が木や鉄の棒を手に街へと繰り出し、ウイグル人を見たら片っ端から殴りかかり、ウイグル人が経営する商店を叩き壊す行為に及んだのだ。

この暴挙に対し、当局は催涙弾で対処するだけで、御用メディアも報道で批判もせず、「暴力犯罪」ともすら呼ばなかった。当時、新疆ウイグル自治区の党委書記だった王楽泉[3]はこれらの暴徒に対し、騒ぎをやめるよう、なだめただけ。こうしたダブルスタンダードに、中国共産党統治者の骨の髄まで沁み込んだ民族主義が如実に表れている。

中国政府が各種の抗議事件に与える定義は、だいたい決まっている。**漢民族の居住地で車や商店を放火したり、役人を殴ったり、などという抗議事件が発生した場合、それは「群**

3　**王楽泉**　1944～。山東省出身。新疆ウイグル自治区党委書記を務め、自身の出身地である山東省人に多大な便宜を図り「新疆王」と呼ばれる。現在、中国法学会会長。

集性事件」として矮小化される。だが、**少数民族の居住地で抗議活動が起こると、それがたとえ平和的な請願活動であっても「破壊と放火」、あるいは「破壊と放火と殺人」の「暴力犯罪事件」であると定義**される。「破壊と放火と殺人」など一切なくても、当局はそれを作り出し、刑事事件の罪名をかぶせて、民族問題を歪曲化するのである。

「七五事件」の後、新疆ウイグル自治区全域で武力衝突が頻発した。長くて数カ月、短くて1～2週間ごとに、軍・警察によるウイグル人への攻撃、またはウイグル人による軍・警察への攻撃といった血なまぐさい衝突が起きている。一度の衝突で多い時には数十人の死者が出ているのだ。

衝突はさらに新疆ウイグル自治区以外の地域にまで拡大。2013年10月28日、自治区から北京へやってきたウイグル人一家3人が、ジープで天安門の城壁に突っ込み、爆発物に点火して爆発した。これにより5人が死亡し、38人が負傷。中国共産党の心臓部への攻撃は国内外を震撼させた。

中国政府は反抗するウイグル人を、国際社会で普通言われているような「恐怖分子（＝テロリスト）」ではなく「暴恐分子（＝暴力的テロリスト）」という名称で呼んでいる。中国政府の定義によれば、暴力的手段によって自らの権利を守ろうとするウイグル人を除く者が「恐怖分子」となる。だが、たとえ道理を説く人々にも、あるいは抵抗する人々にも、中国政府は等しく鎮圧を行う。しまいには花帽子をかぶったり、髭を蓄えたり、布で顔を覆ったりするなどといったウイグル人の民族風習さえも鎮圧の対象とされた。これは別の形での〝民族浄化〟といえよう。

２０１５年末、中国政府は「反テロリスト法」なるものを制定した。このなかで最も目を引くのは、**非暴力的な手段でただ異論を唱える者さえもテロリストの範疇に入れられていること**である。これには、中国に駐在するアメリカやカナダ、ドイツ、日本、ＥＵ諸国の各大使がこぞって中国公安部長に書簡を送り、「やりすぎだ。間違いに気づいて撤回せよ」と中国政府に警告のシグナルを送ったほどだ。

中国政府は、ウイグル人を鎮圧する手段は「積極的に攻撃し、重大な打撃を与え、その場で処理する」ことだと、何はばかることなく公言している。**「積極的に攻撃する」とは当局が挑発行為を行うと公言しているに等しい。「その場で処理する」とは、すぐに殺害してもよいということ**だ。調査も証拠の裏づけも取る必要がなく、また事件を公開する必要もない。さらには司法の手続きをとらずして、ただ「暴恐分子」の罪名をかぶせるだけで、ウイグル人のいかなる求めも明らかにすることなく、抹殺できるのである。「治安維持」が何より優先され、間違いや過ちなどは一切考慮しない。これでわかるように、**暴力的手段を最優先する中国共産党こそが、新疆での衝突を作り出している災いの元凶**なのである。

新疆で衝突が頻発しているもう1つの理由は、実は中国共産党内部の腐敗とも関係がある。たとえば、前出の前新疆ウイグル自治区党委書記、王楽泉は「新疆王」と呼ばれたが、彼は残虐かつ私利私欲に目のくらんだ腐敗の権化であった。その在任期間中、王は自分個人や家族、そして出身地である山東閥のために暴利をむさぼる対象としてしか新疆を見ていない。たとえば「新疆支援プロジェクト」という政策を口実に、新疆の各種建設計画をすべて山東省の企業に請け負わせた。新疆の貴重な山地や水資源でさえも、すべて王の娘によって独占されている。

中国政府が新疆で推進している政策は、まぎれもない民族差別政策である。政治面では上層部から下層部まで、すべての階級の長は漢民族によって独占されている。「副」、あるいはそれ以下の担当者のポストが、やっとウイグル人に回ってくる程度だ。経済面ではまず漢民族を「先に富」ませ、ウイグル人を貧困へと陥れ、漢民族とウイグル族の間の貧富の格差を人為的に作り出す……。

そして、**中国共産党が新疆で行っていることは、民族蔑視どころか民族弾圧であり、民族絶滅**である。これこそがテロである。権力の中枢を根源とする国家的テロである。つまり、**テロリストとは、反テロの名のもとにテロ行為を実行している共産党の政府であり軍であり警察**なのである。

リアル・チャイナ31

史上最悪の大飢饉、97％の寺院破壊……
――毛沢東がチベットで行った「民主改革」の成果

1950年、武力でチベットを制圧した中国共産党は、チベット政府に「17カ条協定」[4]の締結を迫った。ただし、そこでは一応チベットの政治制度やダライ・ラマの地位の現状維持を約束していた。ところが、1959年から毛沢東の指導により、「17カ条協定」を一方的に破り「民主改革」と称して、中国はチベットへ乗り込んだのだ。

その結果、チベット人の生産、暮らし、文化に対する大規模な破壊、階級闘争の嵐が巻き起こり、ついには歴史的な大飢饉を引き起こしたのである。この中国共産党の所為に怒ったチベット人は、同年3月に決起するも中国政府の弾圧に遭ってしまう。その際、ダライ・ラマ法王14世もインドへの亡命を余儀なくされた。

それから20年以上経った1980年、チベットを視察した党中央組織部長だった胡耀邦は、その惨状を見て衝撃を受けた。チベット党政幹部大会で、胡耀邦は「チベットの生活状況を1959年以前の水準に戻さなければならない」と述べたほどだ。

1959年以前のチベットは独立自主の地であり、チベット人が自分たちで国を治め、

4　**17カ条協定**　中国がチベット東部を軍事制圧した後、1951年に締結された政治的取り決め。人民解放軍のチベット進駐など17の条文を有する。

自給自足の生活を送り、飢饉もなければ、餓死の記録もないような平和な国であった。ところが、先述のように民主改革と大躍進の混乱で、史上初の大飢饉が起きてしまったのだ。視察に訪れる先々で飢えたチベット人に出会った、中国共産党人民大会副委員長の役職にあったチベット仏教の高僧パンチェン・ラマ10世[5]は、周恩来首相に「七万言上書（7万字の覚書）」を送り、チベットの惨状を訴えた。だが、この上奏文のため、ダライ・ラマ法王に次ぐ第2の地位にあったパンチェン・ラマ10世は投獄され、10年もの長きにわたって獄につながれてしまう。

この**民主改革で上がった〝成果〟の1つに、2500以上の寺院の破壊も含まれる**。その数はチベット全土にある寺院の97％に相当し、僧侶や尼僧は強制的に環俗させられ、大量のチベット人が虐殺された。パンチェン・ラマ10世はこの悲惨な状況を目の当たりにして、「社会主義の新チベット」なるものは、「砲弾によって破壊されたかのような、戦争が終わったばかりの様相」であったと嘆き悲しんだ。

中国政府が頻繁に発表するチベット問題に関する「白書」には、こうした暗い歴史の事実は一切描かれていない。それどころか、民主改革の自画自賛で溢れている。さらに「新チベットは正しい発展の道を歩み出した」と断言。しかし真相は、半世紀以上もの間、チベット人はひたすら苦難と災難の道を歩まされてきたことに尽きるのである。

5　**パンチェン・ラマ10世**　1938〜1989。青海省出身。チベット仏教の最高位の化身ラマの1人。1962年、中国のチベット支配を批判した「七万言上書(7万字の覚書)」を上奏。文革の際には1968年から10年間投獄。出獄後も1982年まで北京で軟禁される。

リアル・チャイナ32

なぜダライ・ラマは独立派とされるのか？
――中国がチベットの言い分を聞かない本当の理由

中国政府はダライ・ラマ法王14世を「チベット独立勢力の親玉」と呼び、「高度の自治」を求めるダライ・ラマの「中道路線」を、形を変えた「チベット独立」だと頑なに主張している。

まず、ダライ・ラマとチベット人には、当然チベット独立を主張する権利がある。だがダライ・ラマは、独立ではなく中道路線によってチベット問題を解決しようと主張しているのだ。その意味するものは、**中国の領土内にチベットが留まりつつ、真の自治を実現することでチベットの文化や宗教、言語などの民族の伝統を守るということ**である。

だが、中国の統治者は聞く耳を持たず、常にダライ・ラマの主張を曲解し、ダライ・ラマが言うことやることすべてに対して、「チベット独立」「分裂」のレッテルを貼りつけて非難する。この言動の目的は、一に漢民族のダライ・ラマに対する憎しみを煽ることであり、二にダライ・ラマと誠意ある対話を行うことを拒否する理由作りである。

中国共産党はチベットを侵略した後、チベットを強制的に「中華人民共和国の一部」にしたが、やがて、中国政府の裏切りと暴力に耐えかねたチベット人が独立を求めるようになった。しかし**ダライ・ラマは1970年代の初め、高度な自治を求める「中道路線」へと舵を切り、チベット独立の主張を取り下げた**のだ。

その後1979年、鄧小平がダライ・ラマの特使と会見し、チベット問題について「独立以外、何でも話せる」と約束した。鄧小平のこの発言で、ダライ・ラマはチベットが再び真の自治を獲得する可能性があると感じ、平和的な対話によってチベット問題を解決する決意をいっそう固めたのだ。

ところが中国政府は、1959年のチベット蜂起や、1989年と2008年に私服の秘密警察を使って策動した流血の衝突事件、さらには近年多くのチベット僧が中国政府に抗議するため焼身自殺していることも含め、一切の責任をダライ・ラマにかぶせている。チベット人の焼身自殺抗議は中国政府統治下のチベット内で起きているのであり、外国で起きているのではない。この事態を引き起こしているのは、ダライ・ラマの教えに問題があったからではなく、中国共産党のチベット統治に問題があったからなのは、誰の目にも明らかにもかかわらずだ。

中国共産党当局が恐れているのは、実はチベットの分離独立ではない。本当に恐れているのは「自治」である。なぜなら、チベットに自治を許せば党の既得権益に害を及ぼす可能性があるからだ。たとえば香港の自治＝一国二制度が、香港をマネーロンダリングの拠点として、もっと自由に使いたいという政府高官の希望への障害となっているようにだ。

しかも、中国政府の心配はこれだけではない。**最も心配なのはダライ・ラマがもたらす道徳観念の影響**である。**善の心、仁愛、平和、寛容といったダライ・ラマが日頃説く教えは、中国政府にとっては自分たちを呪う不吉な呪文**でしかない。

1989年12月、ノーベル賞選考委員会は「チベットの自由のための努力と非暴力と平和的手段でチベット問題を解決するための努力を捧げてきた」ことを称え、ダライ・ラマにノーベル平和賞を授与した。ダライ・ラマは受賞スピーチにおいて、非暴力の手段を堅持し中国政府との対話によってチベット問題を解決していくことを改めて述べている。

くり返すが、ダライ・ラマは分離独立はあくまで求めず、中華人民共和国の憲法に則ってチベットを真の自治区にするよう求めてきた。ここまでダライ・ラマが譲歩するに至って、中国・チベットの間の紛争は落ち着くべきであるが、中国政府は依然としてこの要求を聞き入れようとしない。

ダライ・ラマの「中道路線」を拒絶することは、チベット人の穏健派を拒絶し、真の独立を主張する過激派を刺激することに繋がる。つまり**政府の短絡的な視点と傲慢な権力欲による言動こそが、中国とチベットの衝突、分裂を引き起こす時限爆弾となっている**のだ。

果たして中国は台湾を武力攻撃するのか？

――答えは、政府にも軍にも、そんな〝肝っ玉〟はない

中国政府は「台湾問題の武力による解決を絶対に放棄しない」と明言し、「大陸の実力は昔の比ではない。台湾に対し軍事的に絶対的に優勢である」とも述べている。

中国政府は1500発の弾道ミサイルの照準を台湾に向けている。また、中国による台湾への武力攻撃の可能性をほのめかして台湾人を脅す、中台統一派の政治家もいる。このため、一部の台湾人は人民解放軍が、いつ攻撃してくるかもしれないと恐れている。

だが、果たして中国は台湾を武力攻撃するだろうか？

答えは、そんな〝肝っ玉〟はないというものだ。**中国政府の高官の間で繰り広げられている熾烈な権力争い、そして人民解放軍内部に蔓延する腐敗という二重の〝不治の病〟が、解放軍が無謀な動きに歯止めをかけている**からだ。それに加えて、外部的な環境から見ても中国が一線を超えることはあり得ない。

1979年1月、アメリカと中国が国交を樹立し、アメリカと台湾が断交した際、アメリカの議会で「台湾関係法」が批准され、台湾への武器提供、および台湾防衛へのコミッ

トが確約された。つまり、**台湾侵攻＝対米開戦**という危険を冒すことになるわけだ。**人民解放軍も、アメリカとの戦争は「最大の悪夢」であることを、内々に認めている**。

1996年、民主化を達成した台湾で初めての総統直接選挙が行われた。その際、中国は台湾周辺に向けてミサイルを撃ち込んで脅迫した。だが、これらのミサイルは実弾が込められていない空砲だったことが判明する。空砲だった理由は、アメリカが2隻の空母を台湾海峡に巡航させたからだ。

2015年、日本は防衛協力のためのガイドラインを改訂し、アメリカとの同盟関係をさらに強めた。同年、日本は集団的自衛権の行使を解禁した。周辺有事の急あらば、日本の自衛隊はアメリカの後方支援及び合同作戦を行う。日米にとっての周辺有事とは、朝鮮半島と台湾海峡もその範囲に含む。日本の役割は地域規模から世界規模へと変わった。ゆえに、もしも**中国が台湾を攻撃すれば、アメリカだけでなく日本、さらにはオーストラリアやニュージーランドなど、多くのアメリカの同盟国が参戦する可能性がある**のだ。

2016年、台湾総統選挙で独立志向の強い民進党が大勝を収め、統一派の国民党は大敗した。中国政府は選挙の前に、台湾で政権が交代すれば「地は動き山は揺れる（武力攻撃によって、台湾をめちゃくちゃに破壊する）」ことになるだろうと脅した。

さらに中国メディアは、解放軍が「福建で島への上陸演習」を行っていると写真つきで報じた。だが、台湾国防部の指摘により、その写真が実は前年の訓練の様子であることが判明してしまったのだ。

台湾の新総統就任式が行われる5月20日の直前になって、ようやく中国は本当の軍事演習を行い、台湾を威嚇した。そして台湾の新しい総統、蔡英文に対し、「『92コンセンサス』[6]と『1つの中国の原則』を認める」と明確に表明するよう迫った。だが、就任演説に際して蔡英文は、この問題への言及を微妙な表現で巧みに避けた。中国政府はいかんともしがたく、ただ、蔡英文の演説を「未完成の答案」と言うだけに留まり、振り上げた拳をこっそりと下ろすしかなかった。

2016年、アメリカの議会で、アメリカの台湾に対する「6つの保証[7]」に関する確認決議案が可決された。そこでうたわれたのが、台湾軍への武器売却を制限しないこと、中国の台湾に対する主権を認めないことなどである。

しかも、反中姿勢の強いトランプ大統領まで誕生したのだ。この6つの保証が、中国政府に強烈なアッパーカットを食らわしたことは疑うべくもない。長年にわたって中国は南シナ海で拡張し続け、東シナ海で挑発行為を行い、周辺諸国と全面的に対立してきた結果、アメリカとも軍事的に対峙する事態を招いた。**自らの行きすぎた行為によって、台湾と直接対決し武力統一するという悲願への道筋を完全にふさいでしまった**のである。

6　**92コンセンサス**　「1つの中国」について合意したものの、中国側は「共産中国が『1つの中国』」ととらえているのに対し、台湾側は「『一つの中国』はそれぞれが解釈する」としている。なお、蔡英文総統は「台湾と中国は別」との考えから、当時のやりとりの事実関係は受け入れるも、コンセンサスの存在自体は認めていない。

リアル・チャイナ34

論理破綻で荒唐無稽な「1つの中国論」——台湾問題から透けて見える中国のレベル

多くの中国人は、台湾人がなぜ独立したがっているのかが理解できない。ある人は「中国は経済力をつけ金持ちになったのだから、台湾人は統一に同意するはずだ」と考えていた。また、ある人は「中国は成長を遂げ強国になったのだから、台湾人はわが国による併合を受けて入れてくれるだろう」と思っている。

だが、**台湾人の独立志向の強さは、中国人や外国人の想像をはるかに上回る。**台湾人がよく言う言葉に、「台湾人は一番にならなくてはならない」というものがある。その意味は「台湾人の運命は台湾人が決める」ということだ。豊かになるか、貧しくなるか。平穏無事でいるか、それとも苦難が襲いかかるか。いずれの運命も受け入れ責任を負う。だが、**どんな運命を選ぶかは他人ではなく、あくまで台湾人自身が決める**、という考えだ。

近代台湾は400年の歴史がある。この地に人類が住み始めた古代史までさかのぼれば、台湾は数千年ないし1万年の歴史がある。この地の最古の主人は先住民や東南アジアからの移民であり、後に中国大陸から続々と移民がやって来て、原住民族と移民で構成する新

7　**6つの保証**　1982年に米レーガン政権が台湾側に提示した、武器売却の期限を設けない、武器売却について中国と事前に協議を行わないなどを含む6つの項目のこと。

国家を形成した。これは、イギリス人やそのほかのヨーロッパ人が新大陸へ移民し、アメリカで新国家を形成した経緯と似ている。

過去400年の間に存在した統治政権のうち、唯一、大肚王国《だいとおうこく》[8]だけが台湾人の政権で、その他はオランダ人、スペイン人、明末の将軍鄭成功[9]一族、清朝、日本、そして中華民国と、すべて外来政権であった。

外来政権の統治下において、台湾人はこれまで何度も一段下の扱いをされてきた。だからこそ台湾人の血には、独立自主の強烈な意思が植えつけられているのである。自由を渇望する台湾人は、もう二度と外来政権を受け入れず、自分たちの国は自分たちで統治するのだと固く決めた。無論、完全に独立した自分たちの国家を建設することが、多くの台湾人が抱く夢である。**20世紀末、台湾は民主化を実現したと同時に、〝本土化の意識〟、つまり、自分たちはこの地の主人であるという意識が覚醒した**のだ。

それなのに、**これまで一度も台湾を管轄したこともなく、台湾とは何の関係もない中華人民共和国が、海を隔てた向こう側から「台湾は中国の一部だ」と主張している**。しかも、**実は中国共産党自身かつては台湾独立運動を支持**していたのだ。当時、中国共産党は台湾に地下共産党員を潜伏させ、台湾独立派を支援し国民党に対抗していた。そして、1947年3月8日、中国共産党は「解放日報」の社説で、「われわれ中国共産党が指導する武

8　大肚王国　16世紀半ばから18世紀初頭にかけ台湾中部に存在した国家。台湾原住民族のパポラ族、バブザ族、パゼッヘ族、ホアンヤ族によって構成された。
9　鄭成功　1624～1662。父は中国人で母は日本人。日本名は福松。清朝の打倒と明朝の復活に失敗したものの、台湾に独自の王朝を樹立。「国姓爺」と呼ばれ、江戸時代の近松門左衛門の浄瑠璃「国姓爺合戦」のモデルとなった。

装部隊は、蔣介石と国民党に対する台湾人民の反対闘争を絶対的に支援する。われわれは台湾の独立に賛成し、台湾自身が求める国家を台湾自身が建設することに賛成する」とはっきり宣言したのだ。

こうした**自分たちの非論理的な主張に「理論的根拠」を加えようと、中国は「台湾は古来中国の一部であった」と宣伝することにした。だが、もしもそうだとするなら、かつて台湾独立を支持し励ました中国共産党は、国家反逆罪を犯したことになる**のではないか。

あるいは、中国人がかつて台湾を統治したことがあるというだけで、「台湾は古来中国の一部であった」などという結論を導けるというのなら、オランダやスペイン、日本といった、かつて台湾を統治したことがある国々もまた、それぞれ、「台湾は古来オランダ」「スペインの一部」「日本の領土」などと主張することができるではないか。

これは、かつてアメリカを統治したことのあるイギリスが、今なお「アメリカは古来イギリスの一部だから、統一する権利がある」と主張するのと同じことだ。まったく荒唐無稽で論理破綻もはなはだしい。

もちろん、イギリスがこのようなバカげた主張などすることはない。オランダやスペイン、日本も同様。では、世界で唯一このような発言をする中国のレベルは、一体どれほどのものなのだろうか。まさに推して知るべしである。

リアル・チャイナ35

次々と自由を奪った先にある落とし穴

——「一国二制度」崩壊が及ぼす思わぬ影響

1980年代、中国とイギリス両政府は長年にわたる話し合いを経て、中国への香港返還について合意に達し、共同声明を発表した。中国政府はこの時、返還後の香港では「一国二制度」を実施し、「50年間変更しない」と約束した。

この「一国二制度」には3つの解釈があるとされる。**イギリス政府は少なくとも50年間は香港はすべてが昔のままで、高度な自治と自由を享受できると解釈**し、安心して香港を去った。**香港人は50年のうちに中国が民主化を実現し、その時には中国と香港いずれの住民も民主と自由を享受できると解釈**し、だから返還当初は未来に対し楽観的な期待に胸をふくらませていた。一方、**中国政府の思惑は、最長50年待ってでも、香港を共産党一党独裁の絶対支配下に置くというもの**である。

実は「一国二制度」について、4つ目の解釈がある。中国の民衆による解釈だ。それを示すネットユーザーのコメントを挙げよう。

「香港メディアは、真実を報道しなかったら失業の憂き目に遭う。中国メディアは真実を

報道したら失業の憂き目に遭う。これを『一国二制度』と呼ぶ」

ところが今や、50年を待たずして、中国政府は「一国二制度」に対する解釈を間断なく変えてきている。初めは現状維持を口にしていたが、徐々に「一国は二制度よりも大事」「香港には固有の高度な自治権はなく、唯一それを与えられるのは中央政府のみ」などと表明。香港の司法に介入し、普通選挙の実施を妨害した。さらには前出の「国家安全法」を押しつけ、言論、報道、出版の自由をはく奪。また、「国民教育科」という愛国教育科目を新設し、中国共産党の歴史観と反動的な価値観を子供たちに洗脳している。

こうした目に見える手段のほか、目に見えない裏の手段も駆使している。中国資本の香港経済界への浸透である。**中国資本が新聞社やラジオ局、テレビ局を買収し、書店や書籍取次業者を独占して、香港の世論統制を強めているの**だ。2015年末、中国本土の工作員が国境を超えて香港の書店主を拉致するという事件を覚えている人もいるだろう。

これらの言動は、中英両政府の共同声明の反故に等しい。イギリス政府も、中国政府が「英中共同声明に著しく違反している」と、事ここに至って初めて非難の声を上げた。

なかでも、中国政府による香港特別行政区行政長官の任命は、「香港人による香港統治」の約束に完全に背くものだ。中国政府の息のかかった者たち、商売人の董建華[10]からエリート官僚の曽蔭権[11]、そして現在は共産党地下党員の梁振英[12]に統治させている。「香港人によ

10 **董建華** 1937〜。上海出身。香港特別行政区の初代行政長官。リバプール大学を卒業後、父が興した海運会社OOCLの経営にあたる。その後、1997〜2005年まで行政長官を務めた。

る香港統治」など、はなからなかったのである。

一方、香港では行政長官と国会議員の直接選挙の実施を要求する声が高まるばかりだった。ただし、香港の人々は対話によって中国政府を動かしたいと考えていた。そこで2014年、商業地区である中環《セントラル》の「占拠運動」と「雨傘運動」を起こしたのだ。この一連のデモは実は当初、2013年3月に実施する予定だった。だが、運動の発起人は中国政府に、香港に対する硬直した政策を変更するよう考え直す時間を与えるべく、実施を1年以上引き延ばしたのだ。

もっとも、中国共産党政権にそんな道理を説いて聞かせることなど土台無理な話だった。中国政府が決めた骨抜きの普通選挙草案である「831草案」（2014年8月31日に全国人民代表大会常務委員会で可決された行政長官の普通選挙に関する決定草案）について、「反対を受け入れない」「長期的に有効」と述べ取り下げることはなかった。こうして中国政府は香港人と話し合い、和解し、協力し合う最後のチャンスを失ったのである。

中国政府には、香港で「一国二制度」を実施し、台湾に範として示したいという魂胆もあった。だが、自らの愚かな行動と時代に逆行する政策は、かえって台湾人に中国政府の醜い正体をまざまざと見せつけることになった。台湾人はこれを警鐘として受け取った。

もしも台湾を防衛しなければ、今日の香港は明日の台湾となる、と。

11　**曽蔭権**　1944～。香港出身。第2代香港行政長官。イギリス統治下の香港政庁に入庁。通商局長、財務長官などを歴任。2005～2012年まで行政長官を務めた。英語名ドナルド・ツァン。
12　**梁振英**　1954～。香港出身。第3代香港行政長官。返還前に香港特別行政区基本法の起草に参加。中国共産党の香港代表組織を経て2012年より現職。

リアル・チャイナ36

「東洋の真珠」が輝きを失ってしまったわけ
――香港で炸裂する共産党の得意技「人心の分裂」

ますます多くの香港人が、自分は香港人であり中国人ではないし、なりたくないと思っている。中国政府はこれを「長期にわたる植民地統治」のせいだとしているが、香港人のこうした感情が強まったのは、むしろ香港が中国に返還された後のことだ。**世論調査によると、中国人になりたくないという傾向は、返還後の香港で成長した若者に顕著**だという。

1997年、150年間に及ぶイギリスの植民地統治を経た香港が中国に返還され、特別行政区となった。この時、中国も香港も盛大な祝賀ムードに沸いた。だが、返還からほどなくして、中国内地の成金商売人たちが、香港に怒濤のように押し寄せてきたのだ。

政府と企業の癒着を特徴とする「中国モデル」が香港にもはびこり、物価や不動産価格が急騰したので、香港の中産階級と低所得者層の暮らしは困窮していった。こうして、香港社会では急激な貧富の差が出現することになったのだ。

一方、**中国共産党の指導者階級とその家族は続々と香港に会社を設立し、マネーロンダリングを行った。その総額は100億元にも達する**。こうして香港は中国特権階級のマネーロンダリングの拠点にいち早く変身させられてしまった。**香港は中国に回帰したのではなく、中国共産党に回帰した**のだ。「祖国への回帰」という美名のもと、かつて東洋の真珠と呼ばれ輝いていた香港は、腐敗という名の「中国病」に侵され、その輝きを失ってしまったのである。

中国政府の汚職官僚が香港でやりたい放題しているのと同じ頃、中国の一般市民も大量に香港に押しかけて、乳児用の粉ミルクや伊勢海老、月餅、チョコレート、洋酒、化粧品、薬用オイル、おむつ、スマートフォンといった、香港人にとって必要なさまざまな商品を〝爆買い〟し、香港は物資不足に陥った。降って湧いたようなこれら「水貨客《シュイフォカ》（＝転売業者）」は、駅や公園など香港の街中の至る所で仕入れた品物を広げて梱包し、出たゴミをそのまま道端に捨てるので、香港の景観を著しく損ねたのである。

また、子供に香港の出生証明書を与えたいがために、中国内地の妊婦が香港へやってくるようにもなった。中国人妊婦は何かと言えば香港の病院に駆け込んで救急センターを占拠するので、地元の病人が医者にかかれない事態まで招いた。**統計によれば、香港で毎年生まれる新生児のうち、なんと40％が中国人が出産した子供**だという。

こうした中国共産党の時代に逆行する政策と、内地中国人のめちゃくちゃな行動が、「香港独立」という概念を生んだ。２０１４年、「私は香港人連合」が香港で設立。翌２０１

5年、イギリスで「香港独立党」が結成された。このことを見ても、国家分裂を引き起こした元凶は中国共産党であることがわかる。まったく中国共産党は、人々の心を分裂させることに誠に長けていると言わざるを得ない。人心の分裂は領土の分裂に先行する。**「共産党は香港独立の父である」とは皮肉であるが、まさに的を射ている**といえよう。

2016年初頭、九龍半島の繁華街、旺角《モンコック》で暴力的な衝突事件が起きた。この事件が起きた背景には貧富の格差への強い不満がある。そもそも香港政府が露天商への取り締まりを強化したため、小さな商いで生計を立てている社会の底辺層の人々が生活の危機に晒された。生きるための最後の手段まで取り上げられ、絶望した彼らに残された道は立ち上がることしかなかった。こういった抗争が起きるようになったのは、中国政府との対話による問題解決を期待した中環占拠運動や雨傘運動が実を結ばなかったのを見て、香港人が中国政府に絶望し、完全に政府と決裂したことを示している。

中国共産党に対する反感は中国に対する反感となり、中国共産党に対する失望は中国に対する失望となった。こうして香港人は中国にアイデンティティを感じられなくなり、中国人になりたいなどと思うこともなくなった。まったくもって簡単なロジックである。筆者の『歓迎されない中国人』『生まれ変わったら中国人にはならない』という題名の書籍が香港で出版され好評を得ているのも、香港人の気持ちを言い当てているからであろう。

リアル・チャイナ37

実は中国共産党こそ元祖独立派だった

――「独立」嫌いの裏にあるパラドックス

「台湾独立」「香港独立」「チベット独立」「ウイグル独立」という言葉を聞くと、中国人の多くは「許されざる罪悪」であると決めつけ、一様に責め立てる。

中国は秦の始皇帝による天下統一以来、2000年以上にわたる歴史のほぼ大部分が統一国家であった。そのため、中国人は根強い統一観念を持っている。大きいことはよいこと、統一はよいことであると考える。だが、一方では団結心に欠け、内輪もめばかりしている中国人は、民族性と統一観念が相矛盾するパラドックスに陥っている。

中国政府は、統一観念を懸命に鼓吹している。中国政府は統一と独立を善と悪に線引きし、統一は栄光、独立は罪悪であるとするプロパガンダを流布した。こうして長い期間洗脳されてきたため、多くの中国人が政府の宣伝を真実であると信じ込んでいるのだ。

中国政府は「国家統一」を守ることを大義名分として、独立運動を「己の先祖の歴史を忘れた行為」とののしり、「漢奸」「売国奴」といったレッテルを貼り迫害した。こうして中国人は「独立」の2文字を見ただけで恐ろしくなり、独立について思考することも、ましてや話すことなどもタブー視するようになったのだ。実際、台湾人や香港人、チベット人、ウイグル人が独立の理念について話すのを聞くと、一部の中国人は拒絶反応を起こし、彼らの話に耳を傾けることなく、本能的に猛反対する。

もっとも、中国政府は「中国共産党は祖国統一の偉業のために、これまでずっと力を尽くしてきた」と言うが、**実は中国共産党政府そのものが国家統一を破壊し、国家の分裂を作り出して成り上がった張本人**なのだ。中国共産党は1930年代、武装して各地に散らばり反乱を起こし、「国の中の国」――中華ソビエト共和国を建設し、「両国論」と「一辺一国論」を唱えていたのである。

1945年から1949年にかけて、台湾と中国大陸は一時、ともに同じ中華民国に属していた。だが、中国共産党が中国大陸で国民党政府を打倒し、中華人民共和国を樹立すると、台湾海峡の両岸は2つに分かれた。もしも、**共産党が標榜する統一を「功」、分裂を「罪」とする論理によるならば、暴力によって両岸を分裂させた共産党こそが、糾弾されるべき**ということになる。しかも、民主主義を頑なに排除する中国共産党の姿勢が、両岸統一の新たな障害となっているのだ。

中国共産党が独裁政治を強行してきたために、もともと存在しなかった独立運動、たとえば香港独立運動も引き起こした。だが、実際、台湾独立、香港独立、チベット独立、ウイグル独立といった思想あるいは運動はみな、その土地の住民あるいは民族にとって保障されるべき選択肢であり、権利である。独立とは自決である。言うまでもないことだが、国連憲章において民族自決権は「すべての民族には自決権がある。彼らはこの権利によってその政治的地位を自由に決定し並びにその経済的、社会的及び文化的発展を自由に追求する」と明確に規定されているのだ。

カナダやイギリス、スペインなどの西側諸国では、もしある地域で住民が独立を要求したら、中央政府は彼らが住民投票によって決定することを許している。もしも投票が通れば独立し、投票が通らなければそのままその国に残ることになる。

ドラマティックだったのは、カナダのケベック州とイギリスのスコットランドで行われた住民投票の結果、独立を望む票が過半数に達しなかったため、ケベックはカナダに、スコットランドもイギリスに残留することになったのだが、この結果に住民がみな納得していたことだ。2016年、イギリスが国民投票の結果、EU離脱を決定したのもまた、民意を反映した一例である。

ひるがえって見るに、**台湾、香港、チベット、ウイグルの独立を求める声や運動もまた、他人が同意しようがしまいが、罪に問われることではない**。それよりもこの世の誰もが許せない「独」がある。それこそ「共独」＝「共産党の独裁」なのである。

第6章

中国人だからわかる
呪縛と革命の２０００年史

リアル・チャイナ38

「全体主義」と「独裁政治」は中国の伝統文化

――2000年の禍根を残した秦の始皇帝の天下統一

毛沢東は「秦の始皇帝は素晴らしい皇帝である」「秦の始皇帝は孔子よりもはるかに偉大である」と言った。実際、中国の高度に集権的な全体主義の伝統は、秦の始皇帝が始めたものだ。天下を統一した始皇帝は2つのことを行った。

その1つは、**万里の長城の建設**である。ただし、**この巨額の費用と多くの命を犠牲にして築き上げられた城壁は、実はただの一度も中国を守ったためしはなかった。**北方の強敵は、やすやすとこの城壁を乗り越えて中国に侵入してきたのだ。

当時の中国人は、長城の向こう側にも国があるなどと思っていなかった。城壁の向こうには、せいぜい「原始的で遅れた」集落がいくらかあるだけだと考え、そこに住む北方民族を「蛮夷《ばんい》」「胡人《こじん》」「韃虜《だつりょ》」といった蔑称で呼んでいたのだ。近隣に対してさえこのくらいの認識であり、はるか遠い国々のことなど中国人は知る由もなく、また興味すらなかった。天下統一を遂げた後の中国はほぼ外交は行わず、あるのはただ国政だけであった。こうして中国人の視野も心も狭くなっていったのだ。

2つ目は**「焚書坑儒《ふんしょこうじゅ》」**である。始皇帝は医薬、農業関連書などごくわずかな書物を除き、ほぼすべての書物を焼くよう命令を下した。これが「焚書」だ。始皇帝はさらに当時名声のあった知識人の処刑を命じ、儒学者ら460人以上を生き埋めにした。これを「坑儒（坑は生き埋めにするということ。儒は儒家）」という。この2つを合わせて焚書坑儒と呼ぶ。

この時から中国社会は〝無言の社会〟となった。始皇帝の焚書坑儒によって思想は統制され、人道は廃れ、武力に重きを置く「覇道」が席巻した。中国人は恐怖の底に突き落とされ、自分の身を守るために正義感を捨てたのだ。思考する力は衰え、個性と活力を失い愚か者になった。**以降2000年にわたり、中国には真の思想家は生まれなかった。**

このように、中国人の衰退と道義的精神の崩壊は、始皇帝の天下統一から始まったのである。この暴政の最中、紀元前8世紀から前3世紀頃の春秋戦国時代や、それ以前の時代に見られたような「忠義の物語」は、ほとんど生まれることはなかった。

残虐非道な秦王朝はわずか15年で幕を閉じる。だが、その後の漢王朝も秦の「大一統」のやり方を継承した。この後の中国はおよそ2000年以上にわたって分裂、滅亡、復活を繰り返すが、その間のほとんどの時代で大一統の手法は継承された。地域の統一には思想の統一、すなわち全体主義と強権独裁を常に伴った。**秦の始皇帝が達成した大一統とは、中華民族にとって有害無益であり不幸以外の何ものでもなかった**のだ。

毛沢東が始皇帝を賛美するのは、自分が行っている独裁を弁護するためである。それを証明する毛沢東の言葉がある。

「秦の始皇帝が何だというんだ？　たった460人の儒家を生き埋めにしただけじゃないか。われわれは4万6000人の儒家を粛清してやったぞ。われわれは反革命派を鎮圧したが、一部の反革命知識分子をまだ殺していないじゃないか！

民主派と議論した時、奴らはわれわれを秦の始皇帝だとののしった。だがわれらは始皇帝の100倍は超えている。われらを始皇帝、独裁者とののしるが、随分と軽く見られたものだ。始皇帝よりどれだけすごいことか」

こんな毛沢東が、もし秦の時代に生まれていたなら、首を刎《は》ねられていたことは確かだろう。ただし、春秋戦国時代に生まれていたなら、何か偉業をなし得たかもしれない。毛沢東が生まれ育ったのは、百花斉放《ひゃっかせいほう》、百家争鳴の春秋戦国時代が再来したような中華民国初期の時代だったからだ。まさにこのような時代背景があったからこそ、毛沢東は頭角を現すことができた。機関紙「湘江評論《しょうこうひょうろん》」を創刊し、「国民政府に向けて檄文を飛ばし、役立たずの役人らを糞みそにこき下ろしてやる」ことができ、さらには中国の政治の舞台に躍り上がることもできた。だが**毛沢東は国民党政府を打倒し政権を奪い取ると、中国を再び暴虐非道な秦の時代へと引きずり戻し、大一統の鎖国時代へと閉じ込めた**のである。

リアル・チャイナ39

中国にもかつて平和で豊かな時代があった
——それが一度も長続きしない悲しき国運

中国人は「漢唐の盛世《せいせい》」を誇りに思い、「万邦来朝」（周辺諸国が朝貢をしに集う）の昔日の栄光を懐かしむ。

だが、中国の歴史上のすべての「盛世」は、どれも長続きはしなかった。5000年の歴史において、中国は幾度となく盛世を迎えたことがある。ざっと挙げてみても、周の「成康《せいこう》の治」（紀元前1043～前996年頃）、漢の「文景の治」（紀元前180～前141年）、唐の「貞観の治」（627～649年）と「開元の盛世」（713～741年）、明の「永楽の盛世、仁宣の治」（1402～1435年）、そして清の「康乾の治」（1661～1795年）などである。これらの時代の中国の経済生産は世界一であり、世界の総経済生産の半分以上を占めていた。

歴代の栄えた時代のなかには、「夜戸を閉めず、道落ちたるを拾わず」の言葉が生まれたほど平和で豊かな時期もあった。だが好景気は長くは続かず、よい夢は醒めるのも早い。よい治世の後はたいていが大乱の世となった。王朝が変わるたびに国が不安定となる、これの繰り返しだったのだ。国家と民族は、その都度大きな代償を支払わされたのである。

では、なぜ輝かしい「漢唐の盛世」は長くは続かなったのか？

なぜ、「大治」で築かれた経済的成果は保たれなかったのか？

その答えは1つだ。**歴代王朝すべてが専制政治を敷き、権力を独占したため**である。機が熟した時、**権力は腐敗をもたらし、絶対的権力は絶対的腐敗をもたらす**。王朝は必ず滅び、帝国は必ず没落する。そしてそれに伴って、民衆も苦難に遭うのである。

野心家によって引き起こされてきた数々の政変は、どれも結局のところ権力の争奪でしかなかった。蜂起や革命は、決して制度を変えるためではない。「真に天命を受けた天子」探しで盛り上がり、ついには前政権を倒したものの、結局、その玉座に座る人が前任者に代わって収まるだけだった。

いつの時代になっても、強者は独裁者となる欲望を捨て去ることはできず、民衆は崇拝の対象を求めずにはいられない。結局のところ、国は相変わらず〝人治〟のくびきから脱することはできなかった。動乱が収まるたびに、専制と独裁がまた新たな仮面をかぶって君臨する。王朝が興り、王朝が腐敗し、王朝が没落する。中国ではこの〝茶番〟が繰り返し繰り返し演じられていただけなのである。

19世紀のドイツの哲学者ヘーゲルは中国について研究し、次のように指摘している。

「中華帝国は神権政治を実施する全体主義国家である。父親が個人を制御する家長制の思想が、その政治体制の根幹を為す。この暴君は多くの等級を通してただ一つの組織系統をもつ政府を指導する。個人は精神上の個性を有していない。中国の歴史とは本質的には歴史がなく、ただ君主が入れ代わり立ち代わり滅亡しては復興しているにすぎない。そこからは如何なる進歩も生まれることはない」

ヘーゲルの判断は基本的に正しい。

思想と文化に対する厳しい取締りは、歴代王朝はみな似たり寄ったりで、このため民族の生命力はがんじがらめに抑制され、中華民族を保守的で活力のない民族へと変貌させた。今日の中国共産党による独裁の世は、これが極限に達した状態である。

今の中国は、過去数十年にわたる経済成長を経験し、再び繁栄の世を謳歌しているかのようだが、中国の市場経済はいまだに強固な一党独裁の政治制度に阻まれて、これ以上前に進むことができないでいる。「復興した」中国は、再びさまざまな面で泥沼にはまり込み、あちらこちらで綻びが生じている。**いわゆる「空前の盛世」とは一時の強がりの言でしかなく、実を伴わないため、持続的に維持していくことは難しい**。今日の中国の「盛世」とは、漢唐の盛世にははるか及ばず、時代に逆行して継続し続ける一党独裁のもとで咲いた〝あだ花〟。だから、今にも崩壊寸前なのである。

リアル・チャイナ40

聡明な中国人ほど、弱きを捨てて強きに従う
——モンゴルの中国征服に見る中国人気質の源流

中国の教科書は「モンゴル人が興した元は中国の王朝の1つである」と記載している。だが実際にはモンゴルはモンゴルで、中国は中国、まったく別の国である。元はモンゴル帝国の4大ハン国の一王朝である。その領土はもともとの中国の領土のほか、周辺諸国まで含んでいた。モンゴル帝国が崩壊した後、中国やロシアなどモンゴルに侵略された40を超える国家は続々と復興を遂げ、モンゴルはもとの規模へと縮小した。

1127年、女真《じょしん》人の金《きん》が北中国（北宋）を滅ぼす。亡国の君主となった北宋の皇帝欽《きん》宗《そう》とその父の太上皇徽宗《きそう》は、仁義を通して自害することを選ばず、卑屈にも金にひれ伏し、臣下となることを誓った。**命のためには、どんな屈辱にも恥辱にも甘んじる。最も下賤で恥ずべき歴史の先例を作ったのが、かつての中国の君主**であった。この君主の振る舞いに無数の中国民衆が影響を受け、その真似をしたのだ。その後、金はモンゴルに滅ぼされる。モンゴルは南中国（南宋）へと攻め入り、44年にわたる戦争を経て、1279年、残り半分の中国も滅ぼした。

モンゴル人は馬術に長け勇猛果敢である。都市に攻め入って殺戮し尽くし、恐怖に陥れるのが征服の常套手段である。明の学者王維賢は『九賢祠記《きゅうけんしき》』に「モンゴル軍の大軍が各地に至った。もし誰か1人でも弓を引いて抵抗しようものなら街全体が殺戮の対象となり、1人残らず全滅させられた」と記している。

モンゴル人が四川、陝西一帯に攻め込んだ後の惨状は目を覆うもので、無残に殺されたおびただしい数の死体が残された。侵略の途上、モンゴル人は中国全土で人々の首を刎ね、婦女子を強姦し、家々を破壊した。「郷が無事な県は1つとしてなく、村が無事な郷は1つとしてなく、婦女子が無事な村は1つとしてない」と言わしめるほどの悲惨な状態であった。気骨のある中国人のほとんどが、この時殺されてしまったのである。

当時の金とモンゴルはどちらも人口100万ほどの小国であったのに、1億もの人口を擁した中国を滅ぼすことができた。これは、後世の歴史家の誰一人として理解することのできない怪事であった。だが、中国人が金やモンゴルに敗れたのは、女真人やモンゴル人によってのみならず、実は敵に寝返った中国人によるものが大きかったのである。

外国に攻め入られ、いくつかの緒戦で負けたのを見るや否や、多くの中国人が敵に投降し、同胞を攻撃する側に回る。このため、女真人やモンゴル人は勝利を収めると、後は虐殺の恐怖をちらつかせるだけで、いとも簡単に勝利を手に入れることができたのだ。彼らにとって兵力不足は問題ではなかった。黙っていても中国人があちらからやって来て、一緒に敵の打倒に立ち上がってくれたからである。

中国人の処世哲学の1つに**「時勢を知る者は傑物なり」**というのがある。**敵が強く自分たちが弱いと察知すれば、すぐさま大勢へつく。これが時勢を知ることであり、「聡明な」中国人は弱きを捨て強きに従う**。こうした処世哲学によって行動するので、中国人（漢人）は漢奸を大量生産する。小国モンゴルが大国中国を滅ぼせたのは、まさにこうした大量の漢奸の手助けがあったからである。

「崖山《がいざん》の戦い」は、モンゴルの南宋滅亡を決定づけた最後の戦役である。宋を滅ぼしたモンゴル軍の海軍を率いたのは漢人の張弘范[1]であり、軍勢の半分以上は漢人で構成されていた。張弘范は南宋を滅ぼすと、断崖に「鎮国大将軍張弘范此処に宋を滅ぼす」と得意げに文字を刻んだ。この文字は後に明の時代になって、削り取られたが……。

中国を滅ぼした後、モンゴルの統治者は民を四等級に分けて治めた。北方漢人を三等人、南方漢人を四等人として、漢人に対する奴隷統治を行った。漢人がモンゴル人を殺害した場合には命をもって償わねばならず、モンゴル人が漢人を殺害した場合には「焼却と埋葬の費用」を収めるだけでよかった。漢人の村はモンゴル人家族によって統治された。漢人の花嫁は、その初夜をモンゴル人の保長に捧げねばならなかった。漢人は姓名さえ持つこ

1 **張弘范**　1238〜1280。易州定興（現河北省）出身。元の名将であり、元軍を指揮して南宋を滅ぼす。

とを許されず、生年月日を名前とさせられた。

モンゴル人は漢人が反乱を起こさないよう、漢人の武器所有を禁じた。包丁ですら何家族かで1丁を共用しなければならず、しかもその包丁は村を管轄するモンゴル人の家にあり、許可がなければ、漢人はそれを使って調理することもできなかった。このため、漢人はモンゴル人を「老竈爺《ロウゾウヤ》（＝竈の旦那様）」「老竈姐《ロウゾウジェ》（＝竈の奥様）」と呼んだ。

また、毎年旧暦の12月23日には、漢人の各家庭はモンゴル人の家へご馳走を届けてご機嫌うかがいをしなければならなかった。これが今に伝わる「祭竈《ジゾウ》（竈の神を祭るしきたり）」の由来である。

モンゴルによる中国滅亡は、遊牧民が農耕民族を征服し、遅れた文明が進んだ文明を滅ぼした世界史上初の例であった。これは中国にとって大きな不幸であり、人類史に暗い1ページを刻んだ。ある歴史学者は「崖山の後、中華は消滅した」と述べた。

モンゴルのチンギス・ハンも、自分の死後、中国人が自分を「中国人」だと見なして盲目的に崇拝しようなどとは、思いもよらなかったであろう。征服され奴隷化された人々が、征服者をなおも崇拝するとは、非論理的であり得ないことだ。中国はあたかも「ストックホルム症候群[2]」に冒された病態にあるともいえるのである。

2　**ストックホルム症候群**　誘拐や監禁などで拘束された被害者が、加害者と長時間一緒にいることにより、加害者に好意や共感、信頼感などを抱く現象。1973年にストックホルムで起きた人質立てこもり事件で、人質が犯人に協調したことから、こう呼ばれるようになった。

漢人はよくて三等、悪くて四等臣民

——清朝時代に完成した中国人の奴隷根性

再び教科書を見てみよう。

中国の教科書には「満州人が建設した清朝は中国の王朝の1つである」と記載している。

だが、当の清の統治者自身がこれをはっきりと否定している。第5代皇帝雍正帝《ようせいてい》（在位1722～1735年）は「朕《ちん》は外国の君主として中国の事を司る」と書物に記している。第6代皇帝乾隆帝《けんりゅうてい》（在位1735～1795年）は「朕は夷狄《いてき》の君主であり中国人ではない」と述べている。西太后は**「清は中国に非ず。辮髪《べんぱつ》を解いてはならない。辮髪を解けば、中国が滅びずして大清が滅ぶ」**と明言している。

西太后の女官を務めた女性作家徳齢[3]はその著書『清宮二年記』で、「父君（西太后のこと）は私に、私たちは中国人ではなく、中国人の主人なのだ、とおっしゃいました」と記している。このように清の統治者はみな口を揃えて、世界に向けて、大清は中国ではないと述べていたのである。

もっとも、中国人（漢人）も同様に清を別の国だと考えていた。後の辛亥革命で滅亡し

3　徳齢　1885～1944。湖北省出身。作家。母親はフランス人であったとされる。フランス、日本などで生活し帰国後、西太后に仕えた。07年、アメリカ人と結婚し後に渡米。44年、カリフォルニア州で交通事故により死去。

た清について、革命の当事者たちは、「大清皇帝の尊号を廃せず、民国政府は各国君主を待つの礼を以て待遇す」（清朝皇帝の名称は廃止せず、諸外国の君主と同じ扱いにする）と取り決めたことからもわかるように、あくまで清は外国だと見なしていたのだ。

17世紀、北東の辺境にあった人口100万に満たない狭い小国――清人の国（後金）が億に上る人口を擁する大国中国を滅ぼした。その侵略の過程と手段は、かつてモンゴル帝国が中国を滅ぼした時と驚くほど酷似している。

１６４４年、山海関に攻め込んだ清軍はいち早く北京を占領し、明の高官や漢人の将軍呉三桂[4]を味方に引き入れた。そして、明に代わって一時的に建国された順朝をさっさと倒し、２７６年間続いた明朝を滅ぼしたのだった。

モンゴル人と同じく満州人も馬術に長け、勇猛果敢で、八旗軍[5]の騎兵隊は縦横無尽に駆け回った。満清人の征服の手段もまた各地で虐殺行為を行い、恐怖を造成することだった。「揚州の十日」[6]「嘉定三屠」[7]などの名で知られる虐殺をはじめ、各地で殺戮行為を行った。清軍が四川に攻め入った時、四川の人々は勇敢に抵抗したためほぼみな殺しにされた。後に清の統治が安定した後、湖北、湖南、広東、広西から四川に移民させなければならないほど、四川の人口は激減していたのだ。

清はさらに、「剃髪易服《ていはつえきふく》」を行った。これは、漢人の服装を強制的に満州人の服装に変え、

4　呉三桂　1612～1678。武将。当初、清と戦っていたが、途中で同国に寝返り、順軍を破って北京への入場を果たす。後に周を興す。

5　八旗軍　満州人の社会・軍事組織のこと。八旗は「旗」と呼ばれる集団からなり、すべての満州人は8個の旗のいずれかに配属された。八旗に所属する人は「旗人」と総称され、清の支配階層を構成した。

辮髪を結わせ、旗袍（チーパオ＝現在チャイナ服、チャイナドレスとして知られる満州人の服装）を着させ、笠をかぶらせたことを指す。この強制的な政策は漢人の反発を買い、抵抗したものの、清朝は「頭を残すなら髪の毛を残さず、髪の毛を残すなら頭は残さず」と、頭髪を剃るのを拒むなら首を刎ねてやるとして、これを強要した。

モンゴルの統治者と同じく、満清の統治者もまた臣民を四等級に分け統治した。漢人は再び三等人、四等人へと落ちぶれた。こうして中国人は骨の髄まで奴隷根性を植えつけられたのだ。

モンゴル人によって中国人は89年間（1279〜1368年）国を失った。満州人によって中国人は267年間（1644〜1911年）国を失った。

それなのに**後世の中国人は、モンゴル人と満州人が中国に建設した植民地政権である元朝と清朝を、中国史における王朝であると言って、亡国の恥を覆い隠そうとしている。**

亡国の歴史を認めようとしない——これもまた死んでも面子が大事な中国人の民族性の表れである。

6　揚州の十日　1645年、清軍が明軍と戦った際、揚州で行った大規模な殺戮のこと。死者は80万人に上った。もっとも、当時の揚州の人口は30万にも上らず、数字は誇張と指摘されている。
7　嘉定三屠　1645年、清の将軍が、弟が戦闘中に殺された腹いせで嘉定で平民に対して行った虐殺事件。3度虐殺命令が出たことからそう呼ばれる。

リアル・チャイナ42

時代の谷間に咲いた輝かしいあだ花
――未だ消化しきれていない辛亥革命の功罪

1911年に起きた「辛亥革命」は失敗だったという人がいる。なぜなら革命後、ほどなくして再び独裁体制がよみがえったからだ。

だが辛亥革命とは、それまでの中国史で繰り返されたような、王朝を別の王朝に、皇帝を別の皇帝に取って代わらせたものではない。**中国史上初の「帝政を覆し共和国を建設する」ことを目的とした革命**だったのだ。そして革命の後、近代文明の原理に則った憲政が建設された。この一点のみによって、辛亥革命は歴史的に意義があり、時代を変えた一里塚であったと言うに足る歴史的快挙であったといえる。

戊戌《ぼじゅつ》の変法《へんぽう》[8]が頓挫した後、中国のさまざまな革命家が各地で清朝政府を倒そうと動きを起こした。何度も挫折しようともあきらめず果敢に戦った。そして1911年10月10日、何の前触れもなく突如革命の火花が噴いたのだ。民衆は兵士となり、四川の保路運動[9]を皮切りに武昌新軍の蜂起を経て、革命は瞬く間に中国の半分を席巻した。各省の地方政府は続々と独立を宣言し、清の中央政府と決裂した。これが世に言う辛亥革命である。

8　**戊戌の変法**　清朝末期、変法派と呼ばれる若い官僚たちが行った政治改革運動。明治維新を範に富国強兵を目指したが、最終的に西太后に取り潰された。

9　**四川の保路運動**　1911年に起きた、清朝の鉄道国有化令に反対する民衆蜂起。清朝は鉄道国有化で列強諸国から600万ポンドを借り入れようとしたが、広東、四川など各地の民衆が保路同志会を結成して抵抗。辛亥革命の源流となった。

辛亥革命の最大の価値は、武力行使を伴ったものの、非常に穏健な革命であったところにある。かつて反目し合っていた過去を捨て、革命派と立憲派は大同団結し、手を携えて共和体制を打ち立てた。とくに革命派の南と清朝側の北が和解したことで、大規模な内戦が勃発するのを避けることができ、ついに清朝政府は退位という形式で政権を譲り、平和裏に国家体制の転換を実現できたのだ。

辛亥革命の後、1912～1928年までの北洋政府の時代は、三権分立、地方自治、司法独立、報道の自由、言論と結社の自由などが保障された、先進的な共和体制を民衆は享受した。工業の著しい発展により経済は高度成長を遂げ、GDPは年平均10%以上増加。これまで衰退していた文化は一気に花開き、多くの思想家や芸術家が現れたのだ。

だが、よい時代は長くは続かなかった。1928年、北洋政府に代わって南京政府が政権の座に就き、国民党の一党統治による軍政時代へと入っていく。そして1949年、中国共産党が政権を奪取すると、さらに凶暴な一党独裁が始まった。独裁が復活し、歴史は全面的に後退。中国は再び暴力の恐怖に支配された暗黒の社会へと突入するのだ。

辛亥革命が生んだ成果が維持されなかった原因はいくつかある。まず、**2000年もの独裁体制を経験してきた中国において共和思想を育む土壌は肥沃ではなく、いまだ独裁観念が支配的だったこと**だ。人々に国民としての自覚が欠けていたため、ちょっとした問題が起ると耐えることができず、「何が新しくて共和国で民主的だ」「全体主義で独裁の昔の中国と同じじゃないか」という潜在意識が働き、新国家建設への支持や意欲を結局なくしてしまう。政治的野心を持つ者も権力に目が曇ったまま蜂起し、軍事力の増強や縄張りの拡大に躍起となり、権力の獲得に夢中になってしまった。

外国の強敵、ソ連や日本はこの機に乗じて中国を分割しようと企み、中国の知識人に影響を与えて転向を促した。また、ある思想家は「救亡が啓蒙を圧倒する」（滅びつつある国を救うことは、啓蒙を行うことよりも緊急の一大事である）と提起した。こうして言論界は衰退していき、これにより政治的野心家や独裁を復活させようとする者たちを、さらにのさばらせることとなったのだ。こうしてついに共和制中国は消滅し、民主という胎児は生まれ得ぬまま一生を終えた。これが**近代中国にとって非常に大きな悲劇**なのだ。

だが歴史はまだ終わってはいない。今日の共産中国は歴史における1つの過程にすぎない。フランス革命に成功した後も、共和制がいったん中断され、独裁勢力が一時勢力を盛り返したこともあった。共和制と独裁制を繰り返しながら、第2次世界大戦後、5回目の共和国を建設し、フランスの民主と憲政はやっと定着したのである。

人類の歴史とは曲がりくねった道である。どの国も理想へ一直線などというまい話はないということを、肝に銘じなければいけない。

リアル・チャイナ43

「天下は公のため」か「天下は私のため」か？

——辛亥革命でうごめく人間模様と権力の行方

国民党は孫文を「国父」と呼んで尊敬し、共産党は「中国革命の先駆者」と呼んで称える。孫文の顕彰は、かれこれ100年以上続いている。

一方で、勝利者によって書かれた歴史や、権力者によって死後評価された歴史上の人物に対する批判は日増しに増えている。孫文は活動初期から革命を叫び、革命派団体である興中会[10]や同盟会を設立し、多くの武装蜂起をリードした。よって、辛亥革命の基礎を固めるのに多大な貢献をしたのは間違いない。また、後半生で「三民主義」を唱えたことも称賛に値する。だが、辛亥革命が勃発した当時、孫文はアメリカ領ハワイでくすぶっており、事情をまったく把握していなかった。**革命の幕開けとなる「武昌蜂起」を計画し組織したのは孫文の同盟会ではなく、共進会と文学社という別の2つの革命派団体であった**のだ。

辛亥革命が勃発してから2カ月半後、孫文はようやくフランスのマルセイユから上海に戻ってきた。この時点で革命はすでに成功しており、15省が独立。南北和議も順調に行われ、南部各省は袁世凱[11]（当時、内閣総理大臣）が清朝の宣統帝[12]を退位させることができれば、

10　興中会　1894年11月、ハワイのホノルルで孫文が創設した清朝打倒を目指す革命団体。同盟会も同様。

11　袁世凱　1859～1916。北洋軍閥の総帥。清朝第2代内閣総理大臣を務め、清朝崩壊後は第2代中華民国臨時大総統、初代中華民国大総統に就任。一時、中華帝国皇帝として即位し、洪憲皇帝と呼ばれることもある。

彼を中華民国大総統とすることで合意していた。袁世凱も立憲派であり、1905年に直隷総督の任にあった時、「立憲政体の実行」を朝廷に上奏している。

孫文帰国に先立つ1911年12月11日、17省の代表が南京に集まり、臨時政府を組織した。この時、袁世凱が正式に大総統に就任する前に、臨時大総統を推挙しようとの計画が持ち上がった。当時、黄興[13]と黎元洪[14]を支持する声が最も高く、黄興派がやや優勢であった。そこで黄興を大総統、黎元洪を副総統とすることに決まったものの、黎元洪はこれを受け入れなかった(武昌蜂起の後、黎元洪が大総統で黄興が副総統だったため)。大総統に推挙された黄興も黎元洪に遠慮してこの任を受けなかったため、各省の代表は袁世凱を大総統とすることに決定したのである。

だが、孫文が帰国すると状況は一変する。孫文のさまざまな工作により、各省の代表は臨時大総統の推挙をもう一度やることにしたのだ。その結果、黎元洪派も黄興派も互いに対立して譲らず、結局、孫文が臨時大総統に推挙されることになった。臨時大総統に就任した孫文は、南北和議を妨害し、「北京は臨時政府を設立することはできない」などの条件を盛り込んだ「五条要約」を打ち出した。孫文は南北和議の双方の代表を務めた伍廷芳[15]と唐紹儀[16]に「南京に集まり会談しよう」と記した電報を打つが、拒絶される。南部の伍廷芳は孫文が五条要約を繰り返し修正するため、内容が南北和議の本来の主旨から遠ざかっ

12　宣統帝　1906〜1967。清朝最後の皇帝。名は愛新覚羅溥儀。わずか2歳で清朝皇帝に即位。その後、関東軍が設立した満洲国の初代皇帝となる。戦後、中国で投獄されるも、59年恩赦後は一市民として北京で生活を送る。

13　黄興　1874〜1916。革命家。03年に宋教仁らと秘密結社「華興会」を結成。晩年まで、孫文、袁世凱らと合従連衡を繰り返す。

ていくのを不満として、辞職してしまう。北部の袁世凱は、孫文がすでに南北和議で合意に達していることについて異なる条件を要求してくるため、受け入れを拒否し、北部の和議担当者である唐紹儀を呼び戻した。

1912年1月16日、北京の東華門で袁世凱暗殺未遂事件が起きる。同盟会京津支部が仕掛けた爆弾が爆発し、その場にいた袁世凱の親衛隊長ら10人が爆死したが、袁世凱は無事であった。同盟会には孫文が深くかかわっていたため、暗殺を企てた首謀者であるとの嫌疑がかけられる。

同じ頃、孫文は頻繁に日本の政治家や経済界と連絡を取り、革命軍が維持され解散しなければ、「袁世凱との和議を即刻中止できる」として、1500万円の援助提供を求めた。そして**事が成功した暁には、満州を日本に渡すと日本に約束した。これが孫文の売国の証し**である。こうして、漢冶萍公司《かんやひょうこんす》[17]が孫文に500万円の資金を提供する。日本はさらに孫文に、歩兵銃1万2000丁、機関銃6丁、銃弾2000万個、大砲6個を含む大量の武器弾薬を提供した。日本の汽船がこれらの武器を極秘裏に南京へ運搬したのである。

1912年2月12日、宣統帝が正式に退位する。孫文も民意の圧力を受けて臨時大総統辞職に追い込まれ、袁世凱が臨時大総統に就任した。翌年10月10日、国会選挙によって袁世凱は正式に大総統に選出され就任する。清朝皇帝の退位に伴い中華民国が誕生し、国を

14 黎元洪 1864〜1928。第2代、4代中華民国大総統。清朝の軍人として日清戦争にも参加。辛亥革命に参加し、後に中華民国大総統を務める。23年、2期目の大総統を辞任後は企業経営に専念。
15 伍廷芳 1842〜1922。シンガポール出身。清朝末期外交官となる。辛亥革命に賛同し、中華民国政府でも外交に携わった。

挙げての喜びに沸き、世界各国もこぞって中華民国を承認した。これにより、辛亥革命が大成功したと言える。ただ一人、孫文だけが不満を抱き、初めから仕切り直しをしようと考えていた。

1913年2月、多党制の下に第1回目の国会選挙が行われた。同盟会、共進会、統一共和党などで構成する国民党が勝利し、名望の高い宋教仁[18]国民党党首が内閣総理大臣に選出されることが決まった。だが、就任直前の3月20日、宋教仁は上海駅で射殺されてしまう。**いまわの際にあった宋教仁は国事について袁世凱に後を託したが、同じ党である孫文には一言も言づけず、何も託さなかった。**

国民党と共産党の記録では、いずれも袁世凱が宋教仁暗殺をけしかけたと指摘している。だが、実際には孫文が首謀者としてかかわった疑いのほうが大きい。

孫文の生涯は常に暗殺と謀略の影がまとわりついている。かつて「支那暗殺団」を組織したこともある。敵、味方を問わず自分にとっての政敵を暗殺の対象としたのだ。

その後、中央政府は中国鉄道総公司総裁に孫文を任命したが、そこには孫文を「干す」意図があった。国民党内部では、孫文は名目上は理事長の立場ではあったものの、党内主流派によって力を奪われており、実質的に党の実権を握るトップは宋教仁だった。宋教仁が総理大臣となれば、袁世凱にとって危険はなく、孫文はさらに脇へと追いやられる。こ

16　**唐紹儀**　1860～1938。上海出身。米コロンビア大学に留学。孫文と親しく、中華民国の孫文政権で要職を歴任。その後、日中戦争が始まると、日本軍高官と近かったため、国民党に暗殺された。

17　**漢冶萍公司**　1908年、漢陽鉄廠、大冶鉄山、萍郷炭鉱が合併して設立された製鉄会社。後に日本が共同経営を要求。第2次世界大戦中は日本に鉄鉱石を供給した。

の時、袁世凱と宋教仁の関係は良好だったが、孫文と宋教仁の関係は決裂していた。まさに**絶好調の宋教仁に孫文は深く嫉妬**していたのだ。

孫文は宋教仁暗殺事件を口実として、袁世凱への攻撃を開始する。1913年7月、「第2次革命」を発動して袁世凱陣営を破り、袁世凱は日本へと亡命する。**孫文は1911年の暮れに中国に帰国して以来、袁世凱を倒して自分が出世することだけを目的としてきた。**国家の大局などにはおかまいなしであった。

孫文はただ大総統になりたかった。当時の情勢では、選挙によってそのチャンスを獲得するしかなかった。だが、孫文は自分が党内でも、また国民からも人望がないことをよく知っており、選挙によって大総統に選ばれることは難しいとわかっていた。だから、「第2次革命」の狼煙を上げ、共和への道を歩き出した新生中国を再びぶち壊し、自分が総統になるために最初からやり直ししようとした。**自分以外の者によって実現された共和政治は孫文にとっては価値がなく、自分自身の手によって実現してこそ価値があるもの**であったのだ。

そのためには誕生したばかりの中華民国を再び混乱に陥れることもいとわなかった。「天下為公（天下は公の為に）」とは笑わせる。「天下為私（天下は私の為に）」こそが彼の本心だったのだ。

18　宋教仁　1882〜1913。湖南省出身。蜂起計画が失敗し日本に亡命中、宮崎滔天の紹介で孫文と出会う。辛亥革命後、議院内閣制を主張する。13年3月、上海駅で何者かに暗殺される。

リアル・チャイナ44

実は民主化を後戻りさせた「国父」孫文

――国民党、共産党双方が神格化した男の真実

宋教仁が刺客に倒された後、中華民国は誕生以来初めて不穏な状態に陥った。1915年、復古派の支持のもと、袁世凱が皇帝となることを宣言。帝政こそが「中国の国情に合致」し、中国を安定させることができると考えたのだ。だが、全国から湧き上がる反対の声に遭い、袁世凱は帝政をやめ共和政を復活させる。その翌年、袁世凱が病没。すると、再び軍閥が割拠する混戦状態となり、南北は互いに対立し合うようになってしまう。

この後、孫文は再び広州で政治工作をする。広東省を治めていた陳炯明[19]が進める、省単位で独自に統治しながら一種の連邦制国家を目指す「連省自治」を阻止しようと画策。一刻も早く政権を奪取したいと焦るもうまくいかない孫文は、最後にはソ連に接近して「連《れん》俄容共《がようきょう》」（ソ連と連帯し共産主義を容認する）政策を推進する。

孫文はソ連の援助を獲得し、ソ連人を顧問に迎え、「レーニン式」の政党を模して国民党を再建したのみならず、共産党を国民党の内部に引き込んだのだ。こうして、**甚大な災いの種を中国に撒いた**のである。

19　陳炯明　1878〜1933。広東省出身。当初は勢力基盤の広東省で孫文に協調していたが後に決裂。「連省自治」を訴え、孫文と戦うも敗れ、その後香港に逃亡。33年、彼の地で死亡した。

孫文は国民党から「国父」と崇められており、共産党からも「先駆者」と敬われている。というのは、北洋政府を潰すため国民党が広州で再起を図った際、孫文を中華民国の正統なる創設者と崇める必要があったからだ。一方、共産党も孫文が清の版図をそのまま漢人が取り戻したことに感謝していた。後は、**「大革命」継承の正統性をめぐって蒋介石と争うだけ。そのために、共産党もまた孫文の旗印を上げて蒋介石に対抗したのだ。**

こうして孫文は国民党と共産党双方によって神格化され、100年にわたって祀られてきたのである。実際には、国民党の父は宋教仁で、共産党の父は毛沢東ではなく陳独秀[20]である。**正確に言うならば、孫文は国民党と共産党の「継父」**なのだ。

度を超した強烈な権力欲と私的な野心は、革命家を突然変異させてしまう。目的と手段がひっくり返り、革命が手段となり、権力奪取が目的と化す。共和を叫んでいた者が、突然変異を経て共和をさえぎる邪魔者と化す。これが孫文の人生である。

「孫逸仙（孫文の別名）のような野心家が指導者になれば、中国革命の目的を達成することはできないであろう」と宋教仁が生前語った孫文評は当たっていた。宋教仁はまたこうも言っている。「孫逸仙はすでに時代遅れの人間であり、革命運動を指導できる器ではない」。功をなした後、退くべき時に退くのが政治家のあるべき美徳だ。それが、袁世凱にもなく、孫文にもなかった。このことが中華民族にとっての厄運であり悲劇であった。

20 陳独秀 1879〜1942。中国共産党の設立者の1人で、初代総書記。15年日本から帰国し上海で『青年雑誌』（後の『新青年』）を創刊。毛沢東も寄稿者の1人となる。21年、ソ連の指導で中国共産党を設立。だが、路線闘争で除名。さらに国民党の弾圧を受けるも処刑はまぬがれ、42年に江津で死去。

リアル・チャイナ45

日本軍と戦った蔣介石、手を組んだ毛沢東
——日本の本当の責任とは一体なんなのか？

中国の教科書には「日本への抵抗に共産党は積極的だったが、国民党は消極的だった。共産党が抗日戦争を率いて全民抗戦の中心となった」と記載されている。

だが、**日中両国が全面的な戦争に突入した頃、毛沢東は共産党に「1割の力を抗日、2割の力を対処、7割の力を勢力増強」に使うよう主張**していた。一方、中華民国を代表して日本に宣戦布告した**国民党の蔣介石は、「地は東西南北の別なく、人は老若男女の別なく、一致団結して日本に抵抗する」と述べている**。

こうして、国民党軍は全面的に日本に抵抗した。平原や山岳地帯、黄河の両岸、長江全域、主要都市、さらにはビルマの戦場でまで、国民党軍は奮闘し、多大な犠牲を払った。

一方、国民党軍が日本軍と熾烈な戦いを行っているその時、共産党軍は漁夫の利を得ようと巧みに立ち回り、武力を増強し縄張りの拡大にいそしんでいた。**共産党軍は持てる兵力を国民党軍の兵力を消耗させることに傾け、さらには日本軍や汪精衛政府の満州政権と裏で手を結び、情報を交換し協力し合って、国民党軍を倒そうとしていた**のだ。

抗日戦争期間中、国民党軍が経験した大きな戦いは22回、小さな戦いは4万回弱、重要な戦闘は1000回以上に上る。これらの戦いで犠牲になった上級将校は200人を超え、兵士に至っては300万人以上だ。対して共産党軍が戦ったのは、わずかに「平型関の戦い（林彪が指揮し国民党軍と合作して行った）」と「百団大戦（彭徳懐が指揮した）」の2つしかない。しかも、この2つの中・小規模の戦役に参加するのさえ、毛沢東は次のように強く反対した。

「わがほうの兵力がばれたら、日本軍が攻めてくるではないか」

彭徳懐は戦後、毛沢東の迫害を受けて死に至らしめられる前も、「日本の侵略者と戦うことさえも罪だと言うのか？」と悲憤していた。

共産党軍は日本軍の力を借りて中国を占領し勢力を拡大し、その数は200万人にまで膨らんだ。一方、日本との戦いで力を消耗していった国民党軍は400万まで兵力を減らしていた。国民党軍は長い国防線を守るため港、橋、主要都市を防衛する大きな責務を担い、兵力は分散されていた。そこで共産党軍は、中国西北部と東北部に密集し、「兵力集中により優勢に立つ」作戦と「戦術の数で圧倒する」作戦で、国民党軍を絶え間なく攻撃し、ついには中華民国政府を転覆させたのだ。**中華民国は中国共産党に打ち負かされたのではなく、日本と中国共産党とソ連の連合によって打ち負かされたというのが正しい。**

1966年に文革によって破壊された国民党軍の抗日志士を記念する「南岳忠烈祠」は、1992年になってようやく再建された。1972年、**毛沢東は日本の田中角栄首相と会談した際、田中首相が戦争被害について謝るよりも先に、「あの時、あなたがたがやって来なかったら、今日のわれわれはなかったでしょう」（＝あの時、日本が中国に侵攻してこなかったら、中国共産党政権は生まれなかった）と直接感謝の言葉を述べている。**

実際、**日中戦争において中国共産党は力を増強することができた。この災禍は限りなく大きい。実は、これこそが日本が中国に負う最大の責任**なのだ。

中国共産党は教科書に「（自分たちが）抗日を率いた」とウソを書いている。しかし、ウソはあくまでウソ。史実を変えることはできない。**歴史の真相は、抗日を率いたのは国民党であって共産党ではなく、日本を負かしたのはアメリカであって中国ではなく、戦勝国になったのは中華民国であって中華人民共和国ではないということ**。

2015年、中国共産党は「抗日戦争勝利70周年閲兵式」を挙行するなど、歴史の真相を捻じ曲げ続けている。パレードで行進する「抗日」方面隊はみな共産党軍の番号ばかりで、当時の国民党軍のものは一切ない。ケチで器の小さい中国共産党は、抗日戦争を実際に戦い血を流した国民党軍の軍隊や旗、その映像でさえも一切パレードには出さなかったのである。

リアル・チャイナ46

最初から最後まで反共を貫いた男

——中台双方に爪痕を残した蔣介石の紆余曲折

中国と台湾の両方を統治したことのある蔣介石に対して、中台両岸の評価は異なり、さらに昔と今でも、その評価は異なっている。

実は、これは蔣介石個人の紆余曲折した政治人生を反映しているだけではなく、両岸の複雑な歴史も反映している。蔣介石はかつて中国を22年間統治した後、国共内戦に敗れて台湾へ撤退し、死ぬまでの30年間台湾を統治した。

中国共産党当局は初めのころ、蔣介石を「暴虐非道の輩」「人民の敵」と断罪していた。だが後に、いわゆる「1つの中国」をより強く喧伝するため、同じように「中国は1つ」と考えていた蔣介石批判をやめ、徐々に肯定的な評価を下すようになった。一方、台湾では、国民党の一党独裁下において蔣介石は「偉大なる領袖」とされたが、台湾の民主化と本土化が進むに従って、各党による蔣介石への評価の違いが表面化するようになった。国民党は蔣介石への肯定的評価を維持する一方、民進党やほかの台湾本土派政党は、その専制政治と独裁を批判するようになったのだ。

また、民間における蔣介石への評価も今と昔とでは大いに異なる。蔣介石が抗日戦争を率いて戦ったから、中華民族の命脈が保たれたと考える人もいる。他方、台湾国民にとっての蔣介石は独裁者であり、国民党軍による台湾人虐殺の「二二八事件」を引き起こし、台湾人の心に拭いきれない一生の傷を残した張本人でもある。

蔣介石が台湾に退いて防衛したから、共産党の毒牙から台湾は救われたと考える者もいるが、生粋の台湾人はそのようには考えない。なぜなら彼らにとって、蔣介石とその国民党政府とは、中国大陸で共産党に敗れた後に行くところがないから台湾に撤退してきただけの外来政権であり、台湾人にしてみればよそ者の乱入にすぎないからだ。

蔣介石の一生は反清、抗日、反共であった。勝利したこともあれば負けたこともあり、功労もあれば行き過ぎの部分もあった。中国統一を目指し、わずか2年間（1926～1928年）でそれを実現した蔣介石は、類まれなる軍事と政治謀略の能力を発揮したのだ。**国の半分は戦争で勝ち取り、もう半分は話し合いで勝ち取った。**戦わずして敵を屈せさせるのは上上の策と言えよう。ただ、話し合いと和解で勝ち取った国土の半分は後に地方軍閥の手中に落ち、蔣介石の中央政府との関係は断ち切られてしまう。**国共内戦の時代、蔣介石と国民政府にとって潜在的な致命傷とは共産党に利用されたこと**である。

蔣介石は8年間にわたって抗日戦争を率い、日本に抵抗し国家を防衛するよう全国民に号令をかけた。1100回もの戦役を戦い、中華民族は甚大な犠牲を払った。そしてついにアメリカが日本を打ち負かし、日本軍は中国から撤退させられた。中国はこうして戦勝国の列に仲間入りし、国連の創始国かつ5カ国の常任理事国のうちの1国となったのだ。さらに**抗戦期間中、蒋介石の働きかけによって、列強が中国に強いていた不平等条約の撤廃に成功**。これらのことはみな、蒋介石の中華民族に対する多大な貢献であることは疑うべくもない。

一方、決死の抗戦によって蒋介石の国民党軍は衰退。抗戦しているふりをしながら日本軍と裏で通じ合い、国民党軍を窮地に追いやっていた共産党は、8年間で軍事力を増強し、兵力を拡大する。この後勃発した国共内戦で、共産党は国民党を打ち破り、中国を掠め取り、蒋介石率いる国民政府は台湾へ撤退する。

この国共内戦で、蒋介石はいくつかの軍事的ミスを犯した。強情張りで仲間に対しても疑り深いこの性格が災いし、敵を利する状況を生んだのである。たとえば、1946年、アメリカ軍の軍事訓練を受け、かつてビルマやインドの戦場で日本軍を負かしたことのある孫立人[21]将軍が、国民党軍の新一軍[22]を率いて東北部の戦場へと参戦したときのことだ。孫立人部隊は連戦連勝で、共産党軍の将軍林彪すら打ち負かし、ソ連へと敗走させた。

ところが、その頃、孫立人と国民党軍東北司令官・杜聿明《ドゥーユーミン》[23]との間で一悶着起こると、蒋

21　孫立人　1900～1990。安徽省出身。中華民国（台湾）の軍人で陸軍二級上将。日中戦争で活躍し、とりわけミャンマーで軍功を上げる。戦後、蒋介石と対立し55年軟禁。以後88年まで軟禁状態は続いた。

22　新一軍　1927年、福建の民兵を改編して、新しく誕生した第一軍。

介石は直系の部下である杜聿明に肩入れし、孫立人を左遷してしてしまったのだ。はるか遠い延安でこの消息を知った毛沢東は喜びを抑えきれずに祝いの会を催し、「われわれの唯一の敵が杜聿明によって駆逐された。東北はわれらの天下となろう！」と興奮して叫んだ。果たして、孫立人がいなくなった東北では、情勢が逆転し、国民党軍は連戦連敗を喫する。蔣介石が孫立人を冷遇したことが、国共内戦全体の戦況を変えてしまったのだ。

毛沢東も蔣介石も政治に長けていたが、両者を比べてみるといくつかの違いがある。「六親不認（6親等以上は見知らぬ者）」の薄情な毛沢東に比べ、蔣介石は家族の情にこだわる性格だった。

たとえば、蔣介石はスターリンに人質に取られていた息子の蔣経国[24]を取り戻すために、敗走中の中国共産党軍を見逃してやり、さらに「外国を排除する前にまず国内を安定させる」政策も放棄させられ、日本軍との決戦の時期を早めねばならなかった。こうした情にかられた行動を毛沢東が取ることはあり得ない。

その後、朝鮮戦争の際、アメリカ側では共産中国に原子爆弾を落とす計画が3回浮上したが、台湾へ撤退していた蔣介石がこれに同意せず、計画は3回とも阻止された。もしも毛沢東が同じ状況にあって、第三者が中華民国に原子爆弾を落とすと言ったなら、大喜びしたに違いない。

23　杜聿明　1904〜1981。日中戦争と国共内戦で活躍。49年共産党軍の捕虜となり81年、北京で病死。義理の息子、楊振寧は57年ノーベル物理学賞受賞。
24　蔣経国　1910〜1988。蔣介石の長男。中国国民党中央委員会主席、中華民国行政院長、国防部長等などを歴任。1975年蔣介石が亡くなると新設の国家主席に就任し、1978年総統に就任。台湾の民主化を進めた。

蔣介石はまた、「婦人の仁」[25]を部下に対して示し、失敗したこともある。たとえば蔣介石の腹心であった陳布雷[26]の娘とその夫が共産党のスパイだったことが発覚した時のことだ。2人が調査の末に投獄されると、陳布雷は蔣介石に2人を助けて欲しいとこいねがった。蔣介石は陳がかわいそうになり、陳に一言、「2人を連れて帰ってよい。以後しつけを厳しくするように」と言って2人を釈放させた。だが、陳布雷の娘は、その後も父親の身に隠れながら国民党政府の最高機密を盗み取ったのである。

「独裁者となる度胸がなく、また民主化させる器もない」と蔣介石を評する者もいる。蔣介石が矛盾に満ち争議の的となる歴史的人物であることは疑いようがない。だが、**孫文と異なるのは蔣介石が最初から最後まで反共を貫いたことであり、この点は蔣介石の一生で最大の美点**である。個人の教養やその人生における理想と歴史的地位において、蔣介石は孫文よりも優れており、毛沢東よりもはるかに優れている。

蔣介石が総統の座を長男の蔣経国に継がせたことは、封建専制的色彩の濃い世襲制を踏襲した行為であり、そしられるべきことである。だが、蔣経国はその統治の後半において、台湾の民意に従って戒厳令を解き、建党の禁止、報道の禁止を解除し、台湾の民主化を実現した。国民党は中国大陸から台湾に移り住みながら、軍政から訓政、そして憲政に至る三部曲を完成したといえるであろう。

25　婦人の仁　『史記』の言葉。大義を知らず優柔不断を指す、軽蔑的な言い回し。
26　陳布雷　1890〜1948。中華民国の政治家・ジャーナリスト。蔣介石側近として要職を歴任。だが国共内戦の戦況悪化を気に病み、48年、睡眠薬を大量服用し自殺。

第7章

中国人だからわかる〝人治〟政治の副作用

世界一の不動産王となった中国共産党
――「土地改革」という茶番劇の裏で泣く農民たち

「地主を打倒して土地を分配せよ」

これは中国共産党が革命遂行のよりどころとしたスローガンだ。「土地改革」は、中国共産党が身を起こすことができた秘訣である。「地主を打倒して土地を分配せよ」のスローガンを叫び、中国の農民たちを煽動したのだ。**中国共産党は工作隊を各地の農村へ送りこみ、強制的に階級分けを行い、私有財産を強奪し、地主と闘争するよう人々をけしかけた**。その後「革命」の名のもとに、各地の地主を「人民集会」で吊し上げ、銃殺刑に処した。こうして中国共産党は、全体主義政権の基盤を確固たるものにしていったのだ。

土地を巡っては、中国では長きにわたって、自然で牧歌的な農耕構造と雇用関係が続いてきた。ところが、中国共産党が強制した血なまぐさい**「土地改革」により、農業環境は破壊され、仲睦まじかった農村の秩序はめちゃくちゃになり、それまで連綿と続いてきた歴史の営みは断絶させられた**。本来仲よく互いに助け合う良好な関係にあった農民と地主は、突如敵味方に引き裂かれ、対立を強いられたのである。

しかも土地の分配を受けた農民は、ほどなくして中国共産党の「人民公社化」運動に巻き込まれる。党の鶴の一声ですべての土地を差し出すよう強要され、土地ばかりか耕牛や農具までも取り上げられたのだ。

こうしてすべての土地と資源は、中国共産党の所有物となった。この時を境に、中国農民は無一文となり正真正銘の「無産階級」に突き落とされた。続いて毛沢東が「大躍進」を発動したために、国民経済は破綻し大飢饉に苦しむようになる。しかも、餓死した数千万人の民衆の大半が、土地を分けてほしいと訴え、地主と闘争した農民たちだった。

今日に至っても、中国共産党政府は土地を農民へ返還することを拒んでいる。また、その**土地が金儲けの対象となり得るのを知ると、役人は強制的に土地を占拠し、暴力的手段によって村民を排除し、ほかの土地へと無理やり移転させる**。その際、農民には補償さえ支払われず、「国有として回収した」と大義名分をかざすだけだ。

今日に至るまで、中国の不動産に関して売買できるのは使用権のみで所有権は取引できない。土地の所有権はいまなお政府にあり、つまりは共産党が独占所有しているのである。これが中国とそれ以外の国における不動産の大きな違いである。**960万平方キロもの広大な土地を独占する中国共産党は、世界最大の不動産と党資産を有する世界で最も金持ちの政党である。つまり、正真正銘の「暴発戸《ボウファフー》（＝成金）」**なのだ。

打ち続く「天災3割、人災7割」の法則
——未だ報われない「大躍進」での犠牲者3800万人

1959年から1961年まで数千万人の中国人が餓死したことについて、中国の教科書は「3年間の自然災害」「困難な3年間」などと表記している。
当時の劉少奇国家主席は毛沢東の「天災7割、人災3割」との言葉を看過できず、「7千人大会」で「私が思うに天災3割、人災7割であった」と発言。これが毛沢東の逆鱗に触れ、劉少奇は後に文革で死に追いやられる。

1950年代末、毛沢東は「大躍進」運動を発動した。「米英を追い越せ」をスローガンに、「中国人民には勇気があり、広大な土地という財産を持っている」と人々にハッパをかけ農工業全般の大増産を求めた。毛沢東自ら「衛星を打ちあげる」よう鼓舞（大躍進中に虚偽の生産量を記した生産物を衛星に見立てて描き、ポスター化した）。こうして、無意味な政策のもと設定された高すぎるノルマを達成するため、「1ムー（1畝＝約6・7アール）当たり5000キロの収穫」などという水増し報告が横行した。さらに、全国で乱獲や森林伐採が行われ、生態系は壊滅的な状態に追い込まれたのだ。

さらに致命的だったのは、国民経済の崩壊を招いたため、大飢饉の連鎖をもたらしたことだ。1960年代初頭、大躍進の失敗で少なくとも3800万人（4300万人という説もある）が餓死した。わずか3年という短期間で発生した餓死者数は、中国数千年の歴史における餓死者の総数を超えたのだ。

同時に中国共産党政府は原爆製造に国力を惜しげもなく注ぎ、人民の財産を浪費した。**中国が製造した1発目の原子爆弾は41億ドルかけて製造された。イギリス在住の中国人作家張戎[1]は、もしもこの1発の原爆にかけた費用を国民のために使っていたなら、当時の物価に基づいて計算すれば、「餓死した3800万人は、本来1人として死ぬことはなかった」と指摘**している。また、中国人作家楊継縄[2]は大量の資料を分析し中国大飢饉の真相を暴いた『墓碑』を上梓し、米ハーバード大学から「ルイス・M・ライオンズ賞」を受賞した。だが中国政府は楊氏が受賞のために出国するのを禁じたのだ。

この**大躍進による飢饉も含め、中国共産党の統治下で起きたほぼすべての災難は、天災より人災による側面のほうが大きい**。たとえば1976年に唐山大地震が起き、死者24万人、重傷者16万人という甚大な被害が生じた。だが、その死傷者の数を政府が公表したのは発生から3年も経ってからだ。**死者が最も多く、損失が最も大きく、救援が最も乏しく、復興が最も遅い、という点で世界に類を見ない地震災害**といえよう。

1 **張戎**　1952〜。作家。ロンドン大学東洋アフリカ研究学院（SOAS）で教鞭をとった後、文筆活動に専念するため退職。現在もイギリスに在住している。
2 **楊継縄**　1940〜。湖北省出身。新華社記者、雑誌「炎黄春秋」の副社長などを歴任。1959〜61年の大飢饉中、自身の養父が餓死。そこで、新華社記者時代、その実態が明らかにし著書『墓碑』にまとめた。定年後、現在は北京在住。

2008年に起きた四川大地震を覚えている人も多いだろう。この天災による被害をさらに拡大したのが、手抜き工事による校舎崩壊という人災である。このため、1万人に上る生徒の命が犠牲となった。ところが政府系メディアは、当時の温家宝首相の被災地視察ばかりを大々的に取り上げ、美談に仕立てるパフォーマンスに終始したのだ。

2015年、今度は長江でクルーズ船が沈没する惨劇が発生した。すると、政府系メディアはここでも惨劇を美談へとすり替える暴挙に出た。「救援の第一線で　中国一の逞しい男たちはここにいる！」「国民のために生きる――これ以上の喜びはない」など、政府を持ちあげる奇怪な記事を大量に掲載したのだ。

被災者家族や遺族は抗議することもできず、民衆は抗議のデモを行うこともかなわない。政府が謝罪することは絶対になく、メディアは提灯記事しか書かない。人為的な防災システムの緩みがこれからも将来にわたって人災を引き起こすのは必至だ。現にSARS（重症急性呼吸器症候群）、鳥インフルエンザ、天津爆発事故など、大惨劇は後を絶たない。

数々の人災を引き起こしてきた中国共産党政府はただの一度も国民に対して自らの過ちを認め、謝罪したことなどない。「党と政府による救援」によって「被災状況は抑えられた」などと報じておけば、世論など簡単に誘導できると考えている。北京に巣食う独裁者に呪縛された民族は、身にまとわりついた災厄から離れられない運命にある。

リアル・チャイナ49

文化大革命は結局中国の何を変えたのか？

——狂気の沙汰に終わった、革命家毛沢東最後の〝革命〟

毛沢東は死ぬ間際に自分の人生をこう総括した。

「私は人生において2つのことを行った。1つは蔣介石と数十年戦い、奴を島々に追いやったこと。もう1つは文化大革命を発動したこと。これについては擁護する者は少なく、反対者が多かったが」

毛沢東が「偉大なる功績」と自画自賛した、1966年から1976年にかけての文化大革命は、毛の死後、後継者らによって「10年の惨禍」と定義づけられた。だがその後、彼らは真相をひた隠しにし、世論を統制して、文革に対する批判を行わせないようにした。文革は毛沢東が発動した政治運動の1つである。それまでに毛沢東が行ったあらゆる政治運動と同じく、文革もまた粛清、闘争、殺人をその特徴としている。

これより前に毛沢東は「大躍進」を発動し、国民経済を崩壊させ、数千万人を餓死へと追いやったのは、前項で述べた通りだ。そのため、民衆、そして中国共産党員の間ですら不満が高まっていた。党内で孤立し、玉座を失う危険を察知した毛沢東は、大躍進が招いた大きな災難を反省するどころか、破壊のレベルをさらに引き上げて、さらに大きな禍根を残す文化大革命を発動。年若く無知な高校生や大学生を煽動して「造反」に立ち上がらせ、劉少奇を筆頭とする大勢の党内の政敵を打倒させたのだ。

この文革により中国経済は崩壊し、世界との格差は空前の規模にまで広がった。また、高等教育は完全に廃止され、黄帝陵や孔子廟など祖先を祀る遺跡も破壊され、中国文化は完全に葬り去られた。そのうえ、民衆は互いに「資本主義シンパだ」「反共産主義だ」と密告し合い、人々の信頼関係も崩れ去る。人間性を喪失した〝獣の社会〟と化した中国で、1966年からの10年の間に100万とも1000万ともいわれる中国国民の命が奪われた。つまり、文革で殺されたものは中華文化の命であり、全中華民族の命なのである。

文革が人類の文明に対する巨大な災難であり、毛沢東と共産党が犯したとてつもなく大きな罪であることは疑問の余地がない。**中国共産党は、その罪の深さをよく知っているからこそ、文革を歴史のタブーとして研究や批判を行うことを禁じている**のだ。

もしもあの時代の中国が民主国家であったなら、民衆は政府の施政を批評し監督することができた。そうした状況下では、時代に逆行しようとした毛沢東晩年の企みは実現することなどなかっただろう。**将来において文革の再来を許さないためには、まずは政治制度の変革を実現することが必須である。それが、未来の中国のための保険になる**のだから。

リアル・チャイナ50

イデオロギーより虐殺独裁者のほうが大事
――中国が同じ共産国ベトナムに攻め込んだ本当の理由

20世紀後半、中国共産党とソ連共産党、そしてベトナム共産党などの「兄弟国」は互いに戦争をし合い、共産主義陣営における典型的な内ゲバを繰り広げていた。1979年2月17日、鄧小平は「自衛のための反撃」と称して20万の人民解放軍をベトナム国境付近へ派遣、ベトナムとの戦争を開始した。無論、これは国際的には中国のベトナム侵略と見なされている。戦闘は数週間にわたって続いたが、戦況が不利になると、中国軍は3月5日に撤退を始め、16日には中国領内へと引き返した。

ところが、なぜか中国は勝利宣言し、「ベトナムに思い知らせてやった」と発表したのである。一方、ベトナムもまた勝利宣言し、「中国の侵略を打ち負かしてやった」との談話を残した。中国側は中国兵の死傷者は2万人以上と発表し、ベトナム側は中国兵の死者2万人以上、負傷者4万人以上と発表した。いずれにせよ中越戦争で中国はベトナムよりもはるかに高い代償を払ったのは間違いない。現代の戦争で、しかも一大国と一小国の短期戦争で、中国軍の死傷率のあまりの高さに驚きを禁じ得ない。

実は、**文革で「左派を支持する」ため陣頭に立って政治運動を繰り広げてきた人民解放軍は、軍事訓練をおろそかにしたうえ、多くの軍幹部が毛沢東によって迫害されたため、戦闘能力が著しく低下していた**のだ。一方の**ベトナム軍は常に戦い続けていたため、経験が豊富で士気も高かった**。中国共産党は、かつて長期にわたってベトナム共産党を支援していた際、高性能の兵器はみなベトナム軍にやってしまい、自分たちには時代遅れの兵器しか残っていなかったのだ。ベトナム軍はさらにアメリカ軍の遺留品である高性能の兵器をソ連からもらい受けていたため、装備では中国よりはるかに優勢だった。

ベトナムにはさらに地の利も働いた。ベトナム北部は険しい山岳地帯で難攻不落。だが、中国軍は時代遅れの「人海戦術」しか知らなかったため、ベトナム軍の砲撃の格好の餌となったのだ。しかも、ソ連とベトナムは結託して南北から中国軍を挟み撃ちにしたため、彼らは方々に対処しなければならず、受動的な戦略にならざるを得なかった。ゆえにソ連が中国の撤退を要求する最後通牒を出した際、中国はそれに従うしかなかったのだ。

だが鄧小平は、ベトナムから撤退する道すがら、悪逆非道な報復を行うよう解放軍に命じる。殺しつくし（殺光）、焼きつくし（焼光）、奪いつくす（搶光）「三光」作戦——焦土作戦である。**解放軍はベトナム北部に集まっている炭鉱をことごとく爆破し、学校、幼稚園、病院、保健所などの公共建築をすべて破壊し、住民の家に火を放ち、食料を略奪して**

しまっただけでなく、数十万頭もの牛や豚の家畜を略奪して中国領内にまで運び去り、鉄道を破壊したのだ。

中越戦争が勃発した原因も見ておこう。**中国共産党が裏で糸を引くポル・ポト率いるカンボジア共産党「クメールルージュ」は政権を奪取した後、その独裁下で4年間に国民の4分の1に当たる170万人を虐殺**した。犠牲者には中国系住民やベトナム系住民も含まれていた。ベトナムは同胞を救うためカンボジアに派兵し、クメールルージュを倒してカンボジア国民を地獄から救い出す。つまり、中国共産党がベトナムを攻撃したのは、ベトナム共産党に報復するためであり、同志のカンボジア共産党を支援するためである。

今日のカンボジアを統治しているのは、ベトナム共産党が支持した政権であり、中国共産党が支持したクメールルージュはとっくのとうに崩壊した。残党は自首するか逮捕されるかして、国際裁判所から刑を言い渡されている。この中越戦争で中国は軍事的に惨敗しただけでなく、政治的にも敗退し、ぬぐいきれない汚点をその歴史に刻んだのだ。

中越戦争後も両国は国境付近で一進一退の睨み合いを長年続けた。そして、ようやく1990年代に入って中国共産党とベトナム共産党は関係を改善した。無数の若き中国人の命が、まったく意味もなく中国共産党の弾除けとして犠牲になってからの話だが……。

リアル・チャイナ51

本当は何もしていない改革開放の父
——鄧小平が中国社会に残した取り返しのつかない後遺症

中国政府は鄧小平を「中国改革開放の総設計師」と呼ぶ。党指導者は「鄧小平理論の旗」を掲げるだけで「改革派」を自称できる。

だが、この「総設計師」という言葉を最初に言ったのは趙紫陽元総書記の側近であり、鄧小平に対する「お世辞」であった。趙紫陽は死ぬ直前に音声を残しているが、そのなかで、**鄧小平はただ「経済改革を支持」しただけで、とくに経済改革を設計したり主導したりしたわけではない**と暗に伝えている。言葉を換えれば、**鄧小平は「改革開放の総設計師」などではなく、せいぜい「決定者」にすぎなかった**のだ。

事実、1978年に四川省を統治していた趙紫陽と安徽《あんき》省を統治していた万里[3]が農村改革に大々的に乗り出した際、鄧小平は2人に不安を隠さず、こう言っている。

「君たちがやってみたいと言ったのだからね。くれぐれも注意してくれよ。問題を起こさないように」

当時はまだ「階級闘争を要とする」思想は拭い去られてはおらず、「リアル・チャイナ

3 万里　1916～2015。山東省出身。八大元老の1人。1936年中国共産党入党。建設畑、北京市副市長などを経て文革で失脚。復活後、国務院副総理、国務院常務副総理（第一副首相）、全国人民代表大会常務委員長などを歴任。

19」の項でも紹介した生産責任制は「資本主義の尻尾」と考えられており、毛沢東の呪縛から逃れられない鄧小平は心配で仕方がなかったのだ。

今日の中国共産党は「鄧小平の理論を高く掲げよ」と叫んでいるが、経済建設について鄧小平は何の理論もなかった。ただ、いくつかの実用主義に基づく提言をしただけにすぎない。たとえば、**「白猫でも黒猫でもネズミを捕まえたのがよい猫である」（猫論）**や、**「川底の石を慎重に触りながら川を渡れ」（触る論）**などだ。

こうした、その場で思いついたようないい加減な提言を「設計師」がするわけがない。「歩みは早く、肝っ玉は大きく」といった無責任な鄧小平の言葉に踊らされて、土地の占有や開発、道路や橋の建設にどっと人が押し寄せた。そして、何をどのようにして建設するか細心に吟味し計画することもなく、お上のお達しにより無茶な開発事業に乗り出したのだ。

鄧小平は「少数の者から先に富みよ」（先富論）とも言った。その結果、権力を監督するシステムも作らないまま、役人と商人が癒着してぼろ儲け。そう、こうして先に裕福になった者たちは、党の特権階級とその親族だけだったのだ。**つまり、今日の貧富の格差を生んだのは鄧小平のこの一言**だったのである。**逮捕され刑務所にぶち込まれた汚職役人が尋問や裁判を受ける際、この「少数の者から先に富みよ」という鄧小平語録を引き合いに出す始末**である。これ以上の風刺はないだろう。

鄧小平はまた**「まずは裕福になることが先決だ」**とも呼びかけた。このため各地でさらに乱開発に拍車がかかり、環境汚染などの弊害を招いた。鄧小平の口癖に従って、すべては「後世の者に任せる」ことにした結果だ。毛沢東も鄧小平も、それぞれ別の時代に「大躍進」を達成した。だがこうした経済の「大躍進」を行うには、まずは制度改革から始めなければならない。この順序をわかっていなかった鄧小平が中国社会に残したものは、取り返しのつかない後遺症であった。

実際、農村の生産責任制や輸出志向型経済の導入、さらには農村基層選挙など、中国の改革開放を試行から実施へと導いてきたのは趙紫陽の考えによる。中国の「改革開放の総設計師」は、鄧小平よりも趙紫陽のほうが、よほどふさわしいのだ。

かつて、共産革命に参加した鄧小平は毛沢東に追随し極左路線を遂行した。共産党政権が発足すると、鄧小平は最高権力者集団のメンバーに収まり、ナンバー7の座を獲得した。1950年代、毛沢東が反右派運動を行った際、書記、総書記の任にあった鄧小平はこれを強力に支持し実行。大勢の知識人に「右派」のレッテルを貼り迫害した。

1960年代、毛沢東は劉少奇国家主席との権力闘争の一環として文化大革命を開始。当時、協力体制にあった鄧小平と劉少奇はともに粛清される。だが毛沢東は温情を示して鄧小平を殺しはせず、要職から解いて地方に異動させ、監視するに留めた。この時の経験から、鄧小平は毛沢東に対し恨みどころか恩義を感じていたのだ。1970年代初頭、毛沢東は鄧小平を再び起用。権力闘争において、その当時、地位も権力も人望もあった周恩来首相に対抗させるためだ。再び政局に復帰した鄧小平は周恩来の地位を奪い取ろうと、周批判運動を繰り広げる。だが、ほどなくして鄧小平は文革派のドン、江青・毛沢東夫人と反目し合うようになり、周恩来が死去すると今度は鄧小平が文革派の標的となった。そこで毛沢東は、死の少し前に鄧小平のすべての職を奪い、再び冷遇したのだ。

毛沢東の死後に国家主席を継いだ華国鋒は、生産問題を解決し経済を活性化させ、急いで民生を改善させ、民心を取り戻そうとした。毛沢東が生前に生産部門を破壊し、国民経済は崩壊していたからだ。華国鋒や鄧小平、あるいはほかの誰であっても、後を継いだ者は誰でも経済復興を目指すのは当然だ。何も改革開放は、鄧小平1人の手柄ではない。

鄧小平が経済改革と対外開放を支持したのは、院政を行うべく、改革派の胡耀邦と趙紫陽をそれぞれ総書記と首相に抜擢したからだ。だが、鄧小平の考えは経済改革を支持するに留まり、政治改革には反対であった。鄧小平は最後には政治改革を推進していた胡耀邦、趙紫陽と衝突して両者を罷免した後、党の規約と憲法を踏みにじる長老政治の悪例を作ったのだ。

経済を生き返らせ、政治を死に追いやる。これが鄧小平の基本的な思考なのである。

実は国際社会の制裁は未だに続いている
――天安門事件が中国に与えた本当の影響

1989年6月4日の天安門事件について、中国政府は「国家安定」を維持するためだったと強弁する。だが天安門事件の10年前の1970年代末、改革開放路線の影響で中国経済は復興し始めていた。胡耀邦と趙紫陽が統治した1980年代、さらに中国経済は急速に発展を遂げた。農村改革から都市改革へ、経済体制改革を主とするさらなる政治体制改革へと、改革開放はさまざまな方面に及び、深化していったのだ。

つまり、あの**1989年、膨大な人口と広大な土地を有する中国ですでに経済発展の強大な基礎は築かれており、それが逆戻りすることなどあり得なかった**。その後の「国家安定」は、この基礎があったからこそ可能となったのだ。

1989年以後の中国は経済的成功を手にし、さしあたりその内側にある虚実について論じられることはなかった。だが、天安門事件によって、経済的にも少なくとも3つの禍根をもたらしたことを指摘しないわけにはいかない。

1つ目は古い政治体制を存続させ、上層部の意思が民主的・科学的な思考より、ますま

す優先するようになったこと。

2つ目は一党独裁の強化を招き、政府内部において大規模な腐敗を育むのに最高の土壌を整えたこと。1989年に学生が叫んだスローガンの1つが「反腐敗」であったのに、これを鎮圧したということは、当局が腐敗した官僚の味方をしたのに等しい。以後、汚職役人は膨大な数に上り、中国経済を呑み込んでいる。しかも、汚職役人は資金とともに外国へ逃げ、国有資産が著しく流出したことは何度も指摘した通りだ。

3つ目は天安門事件の結果、国際社会から制裁を課せられたこと。そのうちの主要な経済制裁はいまだに解かれていない。たとえばアメリカやEUは、今も軍事的な高度技術の中国への輸出を制限している。西側諸国の75%の生産力が先進技術であるのに対して、中国の75%の生産力は依然として人力、原料といった原始的な資源である。中国のいわゆる「技術の進歩」とは〝パクリ〟によって手にしたものである。

以上の理由から、天安門事件が中国における社会、経済の発展を阻害してきたことに疑う余地はない。今日の中国経済の成功が天安門事件という基礎の上に成り立っているという、中国政府のロジックが生きている限り、民主化を求めるいかなる叫びも鎮圧するだろう。「中国のGDP世界一！」などとなったら、それこそ絶好の口実となる。「そうしなければ世界一を維持できないだろう？」と。

第8章

中国人だからわかる中国の不透明な未来

リアル・チャイナ53

共産党なくして新中国はないのか？

——歌は世につれず、世は歌につれず……

「共産党なくして新中国はない」——。

これは中国共産党の革命歌の歌詞で、今も歌い継がれている。

だが実際は、その反対である。**共産党がある限り、新中国はない**のだ。中国史上、中国共産党が建設した「紅い王朝」こそが、最も政治的に後退した政権である。その専制のほどは秦の始皇帝を上回っているといえるだろう。これのどこが「新中国」だといえるのか。「旧中国」以外の何ものでもないではないか。

いわゆる「共産党なくして新中国はない」という言葉のもとになっているのは、蔣介石が著わした『中国の命運』（１９４３年）という本の中に登場する「国民党なくして新中国はない」という一文だ。それを中国共産党がもじって社説のタイトルにし、発表したのが始まりである。さらに、わずか19歳の共産党員、曹火星が引用して、「共産党なくして中国はない」という題名の歌を作り、さらに毛沢東自らこの歌詞に「新」の文字をつけ足して、「共産党なくして新中国はない」と変えたのである。

それから後、中国共産党は中華民国政府を攻撃しながら、国民にこの歌を歌うよう無理強いし続けたのである。つまり、**この歌で共産党は新中国を破壊し、専制主義を復活させ、中国の歴史を大きく後退させた**といえるのだ。

今日の中国の趨勢は、人民は民主を志向しているが、政府は民主の行く手を阻んでいる。人民は〝法治〟を望んでいるが、中国共産党は〝人治〟〝党治〟を死守している。人民は言論の自由を渇望しているが、中国共産党はネット封鎖で統制している。

中国全体を見渡してみると、中国共産党とその権力者こそが最も時代遅れな存在であることがわかる。前へ進もうとする中華民族の足を後ろから引っ張って死んでも放そうとせず、文明の道へと向かおうとする中国を縛りつけて放さない。客観的に見て、中国共産党という存在は内部に対しては中国の水準を低下させ、外部に対しては世界全体の水準を低下させているのは明白である。中国にとっても、世界にとっても、いい迷惑である。

もし共産党がなくなれば、もし共産党のくびきから脱することができれば、13億の中国人の理性と知恵によって、国内では民主化を推進し、多くの人々から有益な知恵を集め、団結して能力を発揮し、国を安らかに治めることができる。こうしてこそ中華民族はあらゆる面で発展、発達することができ、永遠に世界に立ち続けることができる。**共産党がなくなってこそ、新中国が誕生することができる**のだ。

リアル・チャイナ54

中国にかつてない大きな裂け目ができる時

――分裂を作り出して成り上がった一党独裁体制

共産党の一党独裁によって中国の統一が維持されていると考える人がいる。共産党がなかったら中国は分裂してしまうだろうと。ソ連の解体を例に挙げて、民主化すれば中国がバラバラに分裂してしまうと……。

だが、背景がまったく異なる15の国家が強制的にソビエト連邦に組み込まれたのは、ロシア共産党が拡張し併呑した結果であり、そこには合法性も合理性も備わっていない。74年の歳月を経て、ソ連が解体したのは人々が求めた結果であり、ごく自然なことなのだ。

秦朝以後、中国人は「大一統」の観念に囚われつつも、「合して久しければ必ず分かち、分かちて久しければ必ず合する」という自然の法則にも対処してきた。へたが固くまだ熟していない瓜を無理やりもぎ取ろうとするように、無理やり物事を進めようとしてもうまくいかない。現に中国人は常に、国と人が入り乱れた春秋戦国時代を誇りに思い、さらには三国志の時代に憧れを抱き、往時の明君や賢臣、英雄、義士を称賛してきたのだ。

人々の心を分裂させないために、中国共産党は「統一」を声高に叫ぶ。だから、共産党が中国の統一を維持している、一党専制がなければ中国は分裂してしまうと誤解してしまう。中国共産党はこれを口実にして、さらに強権を強めていきたいだけなのに。

事実、共産党自身が分裂を作り出して成り上がった組織である。国外には「無産階級に祖国はなし」と主張しておきながら、国内では「武装割拠」をやって「国の中の国（＝中華ソビエト共和国）」を建国した。**毛沢東は、かつてこう公言していた。中国を7つの土地に分け、湖南省などは「独立してもよい」と。日本とソ連による中国分割を望み、その見返りとして中国共産党を存続させてもらおうとも企んだ**。さらに1949年、中国共産党政権が成立すると、アメリカが苦労して統合させた海峡の両岸は再び分かれてしまった。

これと同時期に、中国共産党はチベットを分捕った。そして、チベットの宗教と文化の伝統を破壊し、チベット人の蜂起を引き起こした。中国共産党の宗教・文化消滅政策は、ウイグル人に独立を渇望させ、命がけで戦う勇気を奮い起させた。このことからもわかるように、国家分裂を招いてきた元凶は中国共産党自身なのである。

中国共産党の暴政が今後も続いていけば、いつの日か、中国は大きな裂け目を負うだろう。その道理とは明らかだ。人心の分裂、そしてより大きな領土の分裂である。**一党独裁は統一のための必要条件ではないし、一党独裁の撤廃が、中国分裂を引き起こす十分条件となるわけでもない。実際には、共産党がなければ人心も領土も統一できる**のである

果たして本当にライバルは存在しないのか？

――詭弁によって維持されている砂上の楼閣政府

中国共産党はもちろん嫌いだが、今のところ中国には他に共産党に代わる政治勢力がないではないか、と言う人がいる。中国共産党がひとたび崩壊したら、中国は大混乱に陥るのではないだろうかと。

これは、**中国社会に普遍的に広まっている誤解**だと断言できる。当時、中国共産党はいかなる「合法的な手順」も経ずに組織を結成したにもかかわらず、暴力的手段によって政権を奪い取った後、最も厳しい政党結成の禁止を実施した。今の中国で政党を結成したければ、必ず中国共産党に申請し登記しなければならない。確かに中国共産党は、いくつかの「民主派」の結成を許した。だが、これら**「民主派」は中国共産党の意にかなった言動しか行わず、その実質は、中国共産党の延長であり中身が空っぽの衛星政党にすぎない。その空っぽさゆえ、「花瓶党」と呼ばれている**くらいだ。これらの政党の他、いかなる独立団体による結社も政党結成も、中国共産党が許可することはなかった。

それどころか、結社結党しようとした者は、投獄や殺害の恐怖に直面せねばならなかった。1950～1960年代、政党結成の動きを見せた学生が死刑に処された。1988年、全国の数百人の闘士たちが「中国民主党」を組織し、「合法的な手順」によって結党の申請を行ったが拒絶され、さらには結党を発起した者たちがことごとく逮捕され、重罰に処された。2009年、郭泉[1]が南京で「新民党」を結成するも、中国共産党によって逮捕、投獄され、10年の実刑判決を受けた。

中国共産党は他の誰にも結社結党を許さず、人為的に中国共産党による一党独裁の堅固なイメージを作り出した。言い換えるなら、この種の「他の政治勢力がない」というウソのイメージは中国共産党が人為的に作り出したものなのだ。これにより、中国共産党は1つの詭弁術を創造した。それは、**「ライバルの存在を許さない」ことを「ライバルは存在しない」と言い換える詭弁**である。

百歩譲って、現在の中国ではただ共産党と共青団のみが「合法」だとして、それならば、少なくとも、それぞれ9000万人近い構成員を擁するこの2つの組織が、互いに競い合い、「二大政党制」となってもよいはずではないか。

だが、ただ独裁しか頭にない共産党は、共青団でさえ大目に見てはやらず、共青団を共産党の付属組織にしたうえ、共青団が発展することのないよう押さえつけている。習近平時代になると、共青団出身の役人（団派）を軒並み冷遇し、昇級の道を断ち切ったのだ。

1　郭泉　1968～。元南京師範大学文学院副教授。中国新民党の創始者で、共産党の一党独裁に反対し2008年国家転覆罪で逮捕。09年、懲役10年の実刑判決を言い渡された。

実際に、もしも中国共産党の弾圧も封鎖もなかったなら、13億もの人口を擁するこの国には、先見の明がある有能な政治家や、清廉潔白で信頼できる政治勢力も生まれていたに違いない。中国共産党による残忍な弾圧が、進歩的な勢力が生まれいずる可能性の芽を摘んでしまったのである。

だが、この未来への力を蓄えた人々は民間に身を潜めつつ、陽が上るその時を待っている。火山のように大爆発するその日を。ソ連、東欧、台湾、ミャンマーで起こった劇変が何よりの証拠である。

ひとたび結社結党の禁止を打ち破ることができれば、さまざまな政治勢力が怒涛のごとく湧き出てくるであろう。平和的な競争によって、勢力が大きなものが与党となり、勢力が小さいものもまた政権を監視する地位を得るだろう。

歴史を振り返るに、異なる政治勢力が沸き起こっては消え、順番に、時には同時に中国の運命を支配してきた。**5000年の歴史において、中国が共産党の手に落ちてわずか半世紀ちょっと**である。

世界的な視点から見れば、共産党が支配する国家はほとんどいくらも残っていない。時代に逆らう守旧的観念を固持し腐敗が頂点に達している中国共産党が、民主勢力によって取って代わられるのは、自然の理であり、必ずやその機は来るのだ。

リアル・チャイナ56

民主主義を導入したら13億人が暴走する

——中国民主化にまつわる大いなる誤解

国内外で中国民主化を求める声が起きるたびに、中国共産党とその御用学者らは、「中国は人口が多いから民主主義はそぐわない」とほのめかす。

だが、当然のことながら、世界中の民主国家のなかには、人口が億を超える国などざらにある。インド、アメリカ、日本、インドネシア、ブラジルなど、枚挙にいとまがない。インドと中国を比較しても、インドの人口は12億で、中国の人口は13億、インドの国土面積は中国の3分の1なので、人口密度は中国よりもはるかに高い。

インドは人口が多く密集しているうえ、さまざまな宗教が混在し、社会は非常に複雑である。もしも民主主義の制度がなかったなら、どれほど多くの問題や衝突が起きているか、また、解決が難しいか、想像に難くない。

かなり長い期間、インドは経済発展の速度が遅かったが、共産主義国家に比べ社会は比較的平和だった。そして、**まさに民主主義政治と平和な社会という基礎があったからこそ、今日インド経済は飛躍し始めたのであり、その未来は計り知れないほどの可能性に満ち溢**

れている。

第2次世界大戦より以前、世界で言論の自由と公開選挙、司法の独立などが保障された民主主義国家は、厳密に言うならアメリカとイギリスの2カ国のみであった。だが、半世紀以上もの時が経ち、民主国家は爆発的に増加し、世界の国の約半分を占めるほどとなっている。

この10数年ほどの間で、世界の二大人口大国となった中国とインドには経済発展の見込みがある。経済発展の最も重要な要素とは人口が多いことである。人口が多ければ廉価な労働力を売り込むことができ、この二大人口大国が世界経済飛躍の要となる。

中国では東部は比較的発達しており、西部はかなり遅れている。東部と西部でこのような格差が生じているのもまた人口の差が原因である。東部は人口も多く密集しているが、最も発達している四川省を除けば西部の人口は少なくまばらである。チベットの人口が非常に少なく密集度が低いのも、発展が滞っている原因の1つである。

こうした事実のすべてが、人口が多いことが国の発展、そして民主主義にとって必ずしも不利ではないことを証明している。**人口が多いことを「中国が遅れていること」の結論とし、「まあゆっくりやりましょう」という理由とするのは、無能で腐敗した権力者の責任逃れの言い訳にすぎない**のである。

リアル・チャイナ57

国の制度と民度は確実に比例する
――「世界が眉をひそめる中国人」というレッテルのワケ

人の問題と文化の問題は一朝一夕で解決できるものではないが、制度の改革ならばすぐにでも着手できる。チェックアンドバランスと有効的な監督制度、公開選挙などの制度が整備され、それがしっかりと社会全体に根づいてこそ、人の問題や文化の問題が改善に向かうための素地ができる。だから、制度の問題を解決することが、最も喫緊の課題であるといえるのだ。

世界を見渡すに、中国大陸を除いて、華人が集中している国家や地域には台湾、香港、マカオ、シンガポールなどがある。これらの地域はみな経済的に高度に発達している。台湾には高度な民主主義制度があり、香港は高度な自由を享受している（中国共産党によって危機にさらされてもいるが……）。マカオも一定レベルの自由を備え、シンガポールは高度な法治社会である。これらの地域において、華人の素養が他の民族よりも劣ると考える人はいない。

中華文化は5000年という長い歴史の大半において、経済、政治、科学技術などの領域において、常に世界に先駆けた地位にあった。**かつての中華民族の知恵と創造力は他の民族に劣らない。つまり、中華民族は決して劣等民族などではなかったのだ。**ただ、**長期にわたる専制統治によって、この民族の生命力は徐々に委縮し、創造力がどんどん失われていっただけ**なのである。

とくにこの**半世紀以上にわたる中国共産党の統治下では、「悪が手本」とされ、何事も世界の文明的潮流と相反する方向へと進んでいった**。中国の社会、経済、文化、環境は破壊され消滅させられるか、あるいは捻じ曲がった方向へと向かわされた。文明社会との差が急激に開いたのはまず物質面で、その次に精神面であった。

中国における社会道徳は崩壊してしまった。中国人は伝統的な美徳を喪失したうえに、現代文明からも置き去りにされてしまったのだ。こうして**中国人の素養は劣化してゆき、「世界が眉をひそめる中国人」というレッテルが貼られてしまった**のである。

中国人の素養が足りないから民主主義を享受するのにふさわしくないと言うのなら、それはこの民族に対する著しい蔑視である。カンボジア、アフガニスタン、ジョージア、ミャンマー、チュニジアなど各大陸の各国の人々も、みな晴れ晴れとした気持ちで自由を享受し、ルールに則って民主化への道を歩み始めている。**中国人だけが例外でなければならない理由などない**のである。

リアル・チャイナ58

中国がコピーを作れないたった1つのもの
――2000年前に孟子も唱えていた正しい政治のあり方

中国共産党政府は「西洋の民主主義は中国にはそぐわない」「西洋の民主主義は中国の水と土には合わない」と宣伝している。また同時に、「西洋の価値と観念を宣伝する教材を、われわれの学び舎に持ち込ませてはならない」とも規定している。

西洋の民主主義が中国の「水と土に合わない」のなら、なぜそれを禁止する必要があるのか。たとえそれが中国に入ってきたとしても、生存できずに自滅するのだから、放っておけばよいではないか。辛亥革命後に生まれ西洋の民主主義を試してみた中華民国が長続きしなかったのは、すぐに野心家や独裁者によって邪魔されたからであり、「水と土に合わない」からでは決してなかった。**中国は反対に西洋のマルクス主義を試し、とてつもない失敗を引き起こして莫大な対価を支払ったのに、中国共産党は未だに「共産主義を堅持する」と叫ぶ**始末だ。

中国共産党政府は大学の授業に西洋の価値観が入り込むことを禁止しているが、自分たちが西洋から引っ張り出してきた「マルクス主義」には、大学内において正統な地位を与え、これを「政治的に正しい」かどうかを測る基準にすらしている。**西洋のマルクス主義の論理によって西洋の普遍的価値観を否定し、「中国発展の道」という言葉によって東洋の「合理性」を作り出そうとしている**わけだ。

人はイデオロギーを「自由主義」と「共産主義」とに区別し、また経済制度については「資本主義」と「社会主義」の形で比較しがちだ。だが実際には、**この世で最もはっきりしていて、最も意義のある区別と比較とは、民主と専制**である。そして、中国共産党は「西洋の民主主義は中国にはそぐわない」ことを理由に民主主義への移行を拒んでいる。

専制の意味は単純である。それは統治者が独断で統治し、自分に逆らう者、異なる意見を唱える者を弾圧し迫害することである。民主の意味もまた単純で、人々が自由と平等を享受し、民衆が統治者をチェックできる仕組みが整っていることである。

言うまでもなく、民主主義という形式は近代に西洋で誕生したものであるが、**実は民主的な思想は古い時代の東洋にも芽生えていた。およそ2000年前、中国思想の先賢である孟子は、「民を貴しと為し、社稷《しゃしょく》之《これ》に次ぎ、君を軽しと為す」（国を治めるうえで、最も重要なのは民で、次に国家〈社稷〉が続き、君主は一番下である）と唱えた。これこそ最も原始的な民主思想の1つ**である。

中国の官製メディア「環球時報」はかつて、「中国が外国の民主主義をコピーすることはあり得ない」と題する社説を発表した。これは、中国のネットでは次のように〝変換〟されている。

「中国は何でもコピーできるが、民主主義だけはコピーができない」

中国政府は、中国人が外国の商品や科学技術をコピーし、ニセモノを売りさばいていることには無関心で取締りもしない。それらが、中国共産党の権力や既得権益を脅かすことはないからだ。だが、民主主義的価値観を「コピー」した場合は話が別。中国共産党の権力と既得権益に危害が及んでしまう。当然、**中国政府が西洋民主主義の中国への流入を禁止しているのは、西洋民主主義が「中国にはそぐわない」からではなく、「中国共産党政権を脅かす」から**である。

西洋であろうと東洋であろうと、民主主義の象徴の1つが選挙である。賢い者、能力のある者を自分たちのリーダーとして選ぶ。これは古今東西、人間活動の基本的法則である。古代中国には科挙制度があり、科挙試験によって知識と能力を測り、官職を授けた。まさに、「十年寒窓無人問、一挙成名天下知」（科挙試験に合格するまでの10年は訪ねる人もいない、ひとたび合格すれば一躍有名となる）の通りで、その出身身分は関係がなく、ただ才能ある者だけが官吏になることができた。

現代の世界では、ほとんどの国で選挙が実施されている。能力のある者に選挙で競わせ、民衆の投票によって、公正にリーダーを選出するよう努めているわけだ。この偉大なる進歩によって、国家が平和的に変革する道筋が開かれ、政権による法などの暴力的な改変といった悪路に進むことを防ぐことができる。

ひるがえって、共産党が支配する中国を見ると、未だに指導者を内輪で選出する仕組みから抜け出せない。最高指導部が指導者を決め、さらに上級指導者が下級指導者を決める。こうした**役人選出システムは、現代の民主主義のトレンドから大幅に立ち遅れているのみならず、古代中国の科挙制度にさえ及ばない**。

こうして、権力は内々にのみ引き継がれ、閨閥関係がいっそう幅を利かす。まさに「幹部子弟」「太子党」「革命第2世代」などの言葉が、いみじくも現代の世襲制という悪循環をまざまざと映し出しているのだ。

市場を独占し、経済的に政治体制にべったりで安穏とすることは、道徳に反する行為でもある。**同じく権力を独占し、政治的に権力べったりで安穏とすることは、さらに道徳に反する行為**である。市場競争を導入することで初めて経済的繁栄が可能となる。同じく、複数政党による競争を導入することで初めて政治に活力が生まれる。

こうした道理は、東洋であろうと西洋であろうと、基本として存在する真の普遍的価値である。これが中国で成功しない理由などないのだ。

リアル・チャイナ59

「人民に政府を監督させることが大事だ」

――知られざる毛沢東の民主主義理論

2000年にわたる専制政治の伝統は重く、「中国人は民主主義に馴染めないだろう」と考える人が相当数いる。また、「経済が発展しているのだから、共産党の一党独裁も悪くはない」「共産党統治こそ中国にふさわしい」と考える人もいる。

だが、これは単なる神話である。毛沢東時代、三大神話が中国を締めつけていた。

1つ目の神話は、中国は資本主義路線を取ってはならない。もし取れば、「大量の死者が出る」というものだ。だが毛沢東の死後、中国は（形式的ではあるが）資本主義路線を歩み始めることになったものの、そんな災難は起らなかった。むしろ反対に、瀕死の国民経済は復活し、多くの中国人が最低限の生活を取り戻し、豊かになることができたのだ。

2つ目の神話は、中国は外国に開放せず、鎖国をしなければならない。そうしなければ国家滅亡の危険に陥るというものだ。毛沢東時代、一般国民は海外渡航を許されなかった。だが、毛沢東の死後、中国が門戸を開放すると、中国人は留学、ビジネス、旅行のためどんどん出国していったが、別に中国は滅亡などしていない。それとは反対に、中国は生き返ることができた。もしも、ずっと鎖国をしていたなら、未だに文革時期レベルに留まっている北朝鮮のように、世界から蔑まれバカにされただろう。

3つ目の神話は、中国は民主化をしてはいけない。もししたら天下は大混乱に陥り、国家は分裂し、多くの人の命が奪われるというものだ。これは毛沢東時代が残した最後の神話であり、今現在に至ってもまだこの呪縛は解けていない。どうしてかと言えば、やはり中国共産党統治者の私利私欲にその主因がある。

彼らは政治権力を独占し、既得権益を独占し続けたがっている。民主主義についてあれだけ多くの悪口を言っておきながら、一度試してみる度胸さえない。かつて経済面で試した時と同じように、経済特区ならぬ政治特区を作って、民主化を試してみればよいではないか。そうすれば、人々はすぐに判定を下せるだろう。民主化が正しいのかあるいは間違っているのか、民主と専制のどちらが優れた制度なのかを。いわゆる中国は民主化をしてはいけないという神話は、たちまち崩れ落ちることになるだろうが……。

中国では、これまでも、そして今でもなお、民主主義は扱いづらいテーマだ。**食べる物にも事欠いた時期には、「ろくに飯さえ食えないのに民主主義など語ってどうする?」と言い、衣食足りて豊かになったら、「腹一杯食えるじゃないか、なぜ民主主義など語る必要がある?」と言う。まったく相矛盾する滑稽な論理**だ。

実は毛沢東自身、1945年、社会活動家で教育者の黄炎培[2]に対して、こう述べていた。

「我々はこの（王朝盛衰の）周期を飛び越えるための新しい道を見出した。この新しい道とはすなわち民主である。人民に政府を監督させることによってはじめて、政府が間違った方向に進むことを防ぐことができる。1人1人が立ち上がって責任を負ってこそ、統治者が死んだ後も引き続き政治を行うことができる」

毛沢東も人々にとって民主主義の良い点、そして統治者にとっての悪い点を知っていたのだ。統治は監督されねばならず、権力は制約を受けねばならないということを。だが、1949年、毛沢東が「民主」の旗を掲げて国民党を打倒した後に採択した政治制度は、民主とはかけ離れたものであった。なぜなら、毛沢東は骨の髄まで独裁者であったからだ。その独裁志向は皇帝のように君臨し、欲しいものすべてを手に入れることであった。

今日の中国は数千年間変わらない中国のままで、その弊害もまたすべて似通っている。権力の傲慢、役人の腐敗、社会の不公正、抑圧される民衆、巨大な政府のなかの小さな村社会、政府第一で庶民生活は二の次、政府の権力は強大で一般庶民には権利がない……。

この状態を正すにはどうすればよいのか。はっきり言えば、**民主化だけが中国を救うこ**とができる。これは人類が経験によって辿りついた結論であり、中国の歴史が刻み示してきた啓示である。地球村の一員として、中国は民主化を回避できないのである。

2　**黄炎培**　1878～1965。清、中華民国、中国人民共和国時代を通じて教育活動に携わる。民主派で国共内戦を調停しようとするも国民党と対立。後、共産党政権で要職を歴任したが、党と意見を異にし、毛沢東とも対立した。

リアル・チャイナ60

紅い王朝による受難者の記念碑が建つ日

――天が許さない悪事の限りを尽くした中国共産党

「紅い江山（＝政権）は万代までも続く」

「紅い江山は万年も永らえる」

中国共産党政府の統治者たちが好んで口にするこの言葉は、ついには歌詞にまでなった。だが、こんなことを常に口にするというのは、心配の裏返しともいえる。実際、こういう心境というものは、歴史上の専制王朝が幻想、そして恐怖を抱いてきた心持ちと同じだ。

毛沢東はかつて秦の始皇帝と自分を競い、毛沢東以後の中国の統治者も、何かと言えば「100年論」を目標として唱えた。たとえば、「建党100年」「建国100年」などなど……。これらはすべて封建王朝の決まり文句である。

歴史上の専制王朝は、どんな政治を行おうとも、すべて最後には滅亡を免れなかった。尊大で残虐な秦は、天下統一を果たした後、わずか15年しか続かなかった。唐と明は比較的長かったが、それでも300年も続かず、清も267年で滅びた。**専制王朝に共通する特徴とは、人治であり法治ではないということ**だ。だから権力は必然的に腐敗し、王朝は必然的に腐蝕するのである。たとえ「大治」や「中興」と呼ばれる盛世があっても、栄えればいつかは必ず滅びる……。

中国共産党の紅い王朝は時代に逆行し、21世紀の民主化の趨勢に逆らっている。中国共産党の統治者たちは、脳みそをふりしぼって、一生懸命に党を守り、党を救うことを考えている。だが、**歴代の専制王朝には、いずれも〝寿命〟というものがあった。これを人為的に回避したり、延長したりすることなどできない**。

共産主義の盛衰から中国共産党の寿命を数えてみよう。共産主義という学説がこの世に出てから、「第1インターナショナル」「第2インターナショナル」「第3インターナショナル」、さらには「第4インターナショナル」が出現したが、すべて破綻を迎えている。

ソ連と東欧を見ると、共産党の統治は短くて40年強、長くて70年余りである。そして、最終的には滅亡の運命から逃れることはできず、1980年代末から1990年にかけて各国の共産党があまねく最期を迎えた。21世紀初頭に起こった「色の革命」[3]は、再び多くの独裁者や一党専制政権を歴史のゴミの山へと捨て去った。中国共産党を頂点とするいくつかの共産党政権の残党、北朝鮮、キューバ、ベトナム、ラオスが、ソ連や東欧と同じ運命を辿るのも、時間の問題である。

毛沢東自身でさえも「一切の事物には誕生、発展、滅亡の過程がある」と認めている。

3　色の革命　2000年代に旧ソ連国家で独裁政権の交代を求めて起こった民主化運動のこと。2003年グルジア（現ジョージア）のバラ革命、2004年ウクライナのオレンジ革命、2005年キルギスのチューリップ革命など、非暴力の象徴として色や花の名を革命名に冠したため、そう呼ばれた。

さらには、**「その時が来たら、共産党も消滅するだろう……」**とも認めていた。現在、**中国共産党中央の党校では、「共産党が倒れた後どうするか」について論ずることが公然の秘密となっている**。

毛沢東はこうも言っている。

「ヒトラーのようなファシズム国家の生命は侵攻の上に築かれたものだ。侵攻が終わった時、その生命もまた終わるのだ」

中国共産党自身、事実上のファシズム政権である。いや、ファシズムよりもファシズムであるといえよう。毛沢東のこの言葉に従って今日の中国共産党の行動を見るなら、まさにその通りである。独裁統治を維持するために、中国共産党は防衛力はもとより、攻撃力も増強し続けている。内部に対しては天文学的数字の予算を投じて、治安維持システムを作り上げ、インターネットを死守している。これは**中国人民から自分たちを防衛し、かつ、中国人民に対して攻撃を仕掛けるための態勢を築いているに等しい**。外部に対しては、中国共産党は急ピッチで軍備を拡張し、無限の「ハードパワー」を作り出そうとしている。これは文明世界から自分たちを遮断し、かつ、文明世界に対して侵攻を仕掛けるための攻撃基地を築いているに等しい。

東シナ海で中国政府は日中衝突を挑発し、南シナ海では周辺諸国と全面的に敵対し、中印国境地帯では人民解放軍が頻繁に国境を超えて挑発を繰り返している。中国政府は何かと難癖をつけては、アメリカや日本と開戦するかのような姿勢を見せる。だが、最後の最後で、態度を軟化させるのがいつものことだ。中国共産党が戦争を挑発しながら戦争を避けるのは、世界最大最強の民主の砦であるアメリカを恐れているからだ。

中国には次のような古の言葉がある。

「徳のある者が天と地を手にする」

また**「賢い者こそ徳があり、人を従わせることができる」**という言葉もある。**賢くもなく徳もなく、暴虐で残忍で、神を冒瀆してきた中国共産党が、どうして生き永らえようか。**

「天が中国共産党を滅する」という言葉が中国の民衆の間で囁かれている。その意味は、**悪事の限りを尽くした中国共産党が亡びないことは、天の理が許さない**ということだ。

中国共産党が過去のものとなり、中華民族が悪夢から目覚めるその日が来たら、共産主義による受難者の記念碑を、この中国の大地に建立しなければならない。そして、人々がこの碑を目にするたびに、かつて中国の歴史に残虐で血に飢え、猛威をふるった共産党という政権が存在したことを、忘れないようにしなければならない。

この民族のために、永遠に癒えることのない痛みと、永遠に消えることのない恥辱と、永遠に語り継がれるべき教訓を残すのは、われわれの義務でもある。

【著者】
陳破空（ちん・はくう）
1963年、四川省三台県生まれ。湖南大学、同済大学に学ぶ。85年、胡耀邦総書記に政治改革を直訴し、翌年、上海での民主化組織の立ち上げに関与するなど、中国の民主化運動をリード。87年、広州の中山大学経済学部助教授に就任。89年、天安門事件に呼応し、広州での民主化運動をリーダーとして主導。同年及び93年に投獄され、計4年半に及ぶ獄中生活を送る。96年、アメリカに亡命。その後、コロンビア大学大学院にて経済学修士号を取得。現在、政治評論家としてラジオ・テレビなど、さまざまなメディアで中国政治・経済・社会の分析を行う。
邦訳著書に『赤い中国消滅』『品性下劣な中国人』（ともに扶桑社）、『日米中アジア開戦』（文藝春秋）、『赤い中国の黒い権力者たち』（幻冬舎）、他に石平氏との共著『習近平が中国共産党を殺す時』（ビジネス社）がある。

編集協力／株式会社日本新唐人
翻　　訳／山田智美
写　　真／外川　孝

常識ではあり得ない中国の裏側

2017年1月1日　第1刷発行
2017年3月1日　第3刷発行

著　者　陳　破空
発行者　唐津　隆
発行所　株式会社ビジネス社
〒162-0805　東京都新宿区矢来町114番地　神楽坂高橋ビル5F
電話　03-5227-1602　FAX 03-5227-1603
URL　http://www.business-sha.co.jp/

〈カバーデザイン〉大谷昌稔　〈本文DTP〉茂呂田剛（エムアンドケイ）
〈印刷・製本〉モリモト印刷株式会社
〈編集担当〉大森勇輝　〈営業担当〉山口健志

ISBN978-4-8284-1931-2

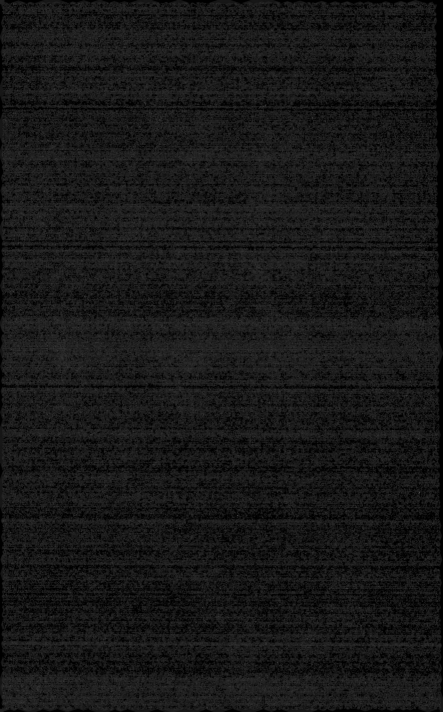